Pierluigi Vignola

Colpevole d'Innocenza - Le scomode verità

Pierluigi Vignola

Colpevole d'Innocenza - Le scomode verità

Semplici riflessioni, sui casi Claps ed Esposito, nella testimonianza di un prete calunniato.

Edizioni Sant'Antonio

Imprint

Cover image: Fornito dall'autore

Publisher:
Edizioni Accademiche Italiane
is a trademark of
International Book Market Service Ltd., member of OmniScriptum Publishing Group
17 Meldrum Street, Beau Bassin 71504, Mauritius

Printed at: see last page
ISBN: 978-613-8-39141-8

In copertina:
“La Calunnia” del Botticelli

Dedicato a mio padre
che fu uomo ricco di virtù e fede,
per me primo testimone
di quei valori che hanno nell'etica
la loro espressione più alta,
a mia madre
maestra nella fede e nell'amore alla Chiesa
e dedicato a tutti coloro i quali,
cominciando dalle mie sorelle e la mia famiglia,
alla cara amica dott.ssa Sara Cordella,
ed ai miei più cari amici e parenti,
hanno creduto e credono in me!
E come scriveva Pierre Teilhard de Chardin:
"Solo l'amore può unire le persone,
in modo da completarle e soddisfarle,
attraverso ciò che di più profondo c'è in loro"

INDICE

PREFAZIONE

Ho vissuto, come tanti in Italia, con grande curiosità e preoccupazione la scomparsa di Elisa Claps. Al tempo avevo 17 anni, quasi l'età di Elisa, e ricordo benissimo le immagini della strada che portava alla chiesa della Santissima Trinità con l'inviato di Chi l'ha visto? che ripercorreva le ultime ore della ragazza.

Sì, perché quella era diventata una storia di Chi l'ha visto? e i volti di mamma Filomena e del fratello Gildo erano diventati familiari al grande pubblico.

Interviste, filmati, ricostruzioni che puntavano il dito contro due grandi colpevoli: Danilo Restivo e la Chiesa. Anni dopo, quando non ero più una ragazza appassionata di misteri, quando i resti del povero corpo di Elisa furono ritrovati ed io ero diventata una professionista nell'ambito forense, incrociai nuovamente la vicenda per il suicidio di Anna Esposito.

C'era un'agendina, c'erano delle pagine strappate e il parere di un tecnico poteva servire a dipanare la matassa che ha avuto la parola fine con l'archiviazione del caso per suicidio.

Ancora una volta, dopo più di vent'anni, mi sentivo in qualche modo coinvolta in questa triste vicenda che aveva avuto il suo epilogo tragico in una città per me sconosciuta fino ad allora: Potenza.

Con gli anni, facendo da consulente per diversi casi "mediatici", ho imparato che la Verità ha sempre molte sfaccettature, che non esistono solo i buoni e i cattivi e che, tuttavia, è compito della televisione e dei mezzi di comunicazione veicolare delle immagini forti che tengano alti l'attenzione e l'interesse del pubblico.

Il cercare un colpevole, il colpevole porta le persone a dimenticare ogni sfumatura e, nel caso di Elisa Claps, il grande colpevole, Danilo Restivo a parte, era diventata la Chiesa che aveva nascosto, omesso, protetto. La Chiesa che sapeva e nonostante questo celebrava messe e festività con un cadavere nel sottotetto.

Solo che ci si dimentica che la Chiesa non è un'unica massa informe ma è costituita da persone e, attaccare la Chiesa di Potenza in toto, significava lanciare una bomba senza sapere chi avrebbe colpito.

Io ho conosciuto uno dei personaggi feriti da questa bomba e l'ho conosciuto come una persona generosa, intelligente, ironica e soprattutto onesta. Sì, perché don Pierluigi è così, e mai ho avuto dubbi rispetto alla sua correttezza e al suo essere realmente Uomo di Chiesa.

Questo libro, denso di ricordi dolorosi e ancora vividi, che racconta la sua storia, i fatti da un punto di vista lontano dai riflettori, è uno sfogo e allo stesso tempo un percorso di elaborazione di un evento che ha cambiato il suo percorso di uomo e di sacerdote. È un ri-raccontare una vicenda cambiando il focus, ponendo nuove domande, offrendo risposte diverse e facendo riflettere il lettore sulla potenza creativa e distruttiva dei mezzi di comunicazione, ma è anche un importante stimolo a cercare la verità oltre la superficialità di ciò che ci viene detto e raccontato e contiene un messaggio positivo di un uomo che ha saputo superare ed affrontare ciò che sulle sue spalle è stata un'ingiustizia. Perché non c'è niente di peggio che essere ritenuto colpevole quando ci si sente innocente, quando la tua coscienza urla la tua estraneità ai fatti.

Colpevole di innocenza; in questo ossimoro si è giocata la vita di don Pierluigi Vignola e questo è il titolo di un libro che deve essere un'opportunità per tutti di conoscere, informarsi, comprendere una storia e farci rivedere con occhi nuovi una storia che, a fianco di qualche colpevole certo, ha visto tante vittime e non solo nei familiari di Elisa Claps.

Perché è giusto che tutti vedano quello che ho visto io conoscendo Pierluigi, mentre passeggiavamo in una Amburgo fredda solo nelle temperature: pulizia, sincerità, amore per la famiglia e rettitudine. E un sorriso che nonostante tutto non si è mai spento.

Sara Cordella
Grafologo Forense
Presidente Scuola Veneta di Grafologia

POST-FAZIONE

Questa è la mia storia, quella di un giovane sacerdote che dopo 29 anni di onorato servizio pastorale per il Popolo di Dio a lui affidato nel tempo, dopo aver guadagnato generali riconoscimenti e attestati di stima non solo professionali ma innanzitutto morali, si è trovato improvvisamente nel tritacarne mediatico fatto oggetto di accuse gratuite e senza fondamento, per mezzo di modalità diffamatorie con un attacco senza pari alla mia figura morale, ledendone la dignità e la reputazione con quella che è stata una campagna - continuata nel tempo - violenta ed irresponsabile di insinuazioni. Il tutto con il ricorso spregiudicato alla calunnia in un crescendo irrefrenabile di aggressioni, di giornalisti/e e non solo, che hanno manipolato e continuano a manipolare la verità senza alcun rispetto per la mia storia e la mia sensibilità di sacerdote secondo il "Cuore di Cristo". Tutto questo perché?, solo per la voglia di apparire di chi, consapevolmente od "inconsapevolmente", ha pensato di lucrare sulla mia immagine? - solo perché persona conosciuta a livello locale, regionale, nazionale ed internazionale in particolare per il mio impegno a favore dei più poveri e di chi ha necessità fosse anche solo di una semplice preghiera od un sorriso? - o da parte di chi con un disegno prestabilito e ben congegnato, volendo coprire qualcun altro o chissà cosa e, volendo rovinarmi per "eliminarmi da determinati uffici", anche perché amico/conoscente di persone per loro nemiche e che andavano colpite in un modo od un altro con tutto ciò che potesse ruotare attorno a loro?(come ha tenuto a ribadire l'unico considerato della "Chiesa buona" – cioè il don Cozzi), ha pensato bene di spostare l'attenzione dei media con una grande manovra di disinformazione su di me. Inconsapevole di tutto quanto stava per accadermi, anche da parte di quei media stessi che hanno avallato varie nefandezze senza prove e senza ricercare la verità, senza alcun riscontro oggettivo di quanto detto, continuato a dire o scrivere fino al mese di maggio 2017, ma solo per chissà quale "scoop" giornalistico e per un po' di share in più e per la vendita di qualche copia in più del proprio giornale o pseudo tale, hanno pertanto continuato e perseverato nel loro errore… Prendendo in prestito una strofa di una bellissima canzone napoletana verrebbe da dire: *"Mme dispiace sulamente ca ll'orgoglio 'e chesta gente, se murtifica, ogne ghiuorno, pe' na máneca 'e fetiente che nun tènono cuscienza, che nun tènono rispetto... Comme fanno a pigliá suonno, quann'è 'a sera, dint "o lietto?! Ma nisciuno pò fá niente"*, perché come si dice: purtroppo chi controlla le informazioni controlla il futuro, e quindi "*nisciuno pò fá niente*" se non la giustizia con il suo lento corso, proprio perché dopo anni ed anni ancora non ho saputo nulla di tutte le denunce fatte contro i miei calunniatori e al di là di ciò che può affermare il sig. Gildo Claps che: "quest'altra prescrizione rappresenta l'epilogo giudiziario dell'intera vicenda di Elisa, con tutti i suoi fascicoli paralleli. Giudizialmente non c'è più nulla (Roma-Il Giornale di Napoli 14/09/2018 p.6)", chiusa giudizialmente forse per lui ma non certamente per me, che attendo ancora dopo anni una risposta per tutte le denunce fatte contro i miei calunniatori e mi chiedo quindi:

Perché?

In narratologia si dice che se il buono vince sempre, è il cattivo che fa la storia. Anzi, per far risaltare meglio la qualità del buono o pseudo tale, in quanto in queste storie la "TV del dolore" e non solo la fa da padrona e, per rendere il suo trionfo ancora più eclatante al giornalista o scrittore di turno che dir si voglia, giova che il cattivo o pseudo tale sia tratteggiato in maniera decisamente negativa. Nella "chiesa" e nella società civile cittadina di Potenza sembra che ci sia in atto una dinamica simile. Per sottolineare maggiormente le qualità di coloro che "sono nel dolore" o pseudo tale, c'è bisogno di "cattivi" che – secondo loro - insidino e minaccino o abbiano minacciato la loro opera, ed ecco che si sceglie una persona, all'oscuro di quanto stava per accadergli perché all'oscuro di quanto contestatogli, non avendo io alcuna conoscenza di determinate situazioni a me attribuite come scopriremo in seguito, da accusare ignominiosamente per mezzo di calunnie in quella che sarà una vicenda che ha solo dell'incredibile, e come si vedrà il castello di carte costruito su di me cadrà, ma non senza danni proprio perché *i farisei e gli scribi* sono le solite vipere che spuntano ambiguamente per trovare di che accusare.

Oltre otto anni di calvario con accuse infamanti, fasulle, ingiuste e ignominiose a cadenza ben precisa come una "goccia cinese"; accuse strumentali e ritorsioni terribili, nate dalla considerazione che le persone si possano usare secondo la propria convenienza o dall'astio che degenera in puro odio e porta ad accanirsi contro persone e lavoratori onesti ed indefessi distruggendo la loro vita personale, familiare e professionale. Una tortura che si ripete con frequenza allarmante ed aberrante nei confronti degli uomini di Chiesa ma di cui nessuno si preoccupa o si occupa, perché rende molto di più fingere di doversi occupare di "difendere" i deboli e gli oppressi, secondo la moda che si fonda sulla criminalizzazione a priori di chi si è deciso di crocifiggere. Mi rendo conto che esiste un diritto all'informazione, ma esistono anche i diritti delle persone e delle loro famiglie. A ciò si aggiunge la propensione allo sciacallaggio di soggetti che, ricercando un utile meschino, dimenticano di essere stati per molti versi protagonisti di un sistema rispetto al quale oggi si ergono a censori.

Questa è l'Italia, che troppo spesso dimostra di non meritare la dedizione assoluta di chi serve in maniera fedele ed indefessa il popolo a lui affidato, nonostante non convenga decisamente più, sotto tutti i profili, svolgere questa meravigliosa missione nella propria terra.

Siamo, pertanto, in un tempo in cui l'errore è diventato verità, il bene è diventato male, ciò che è normale viene fatto passare per anormale. Diceva il grande Chesterton nella prima metà del '900: "*Verrà un tempo in cui bisognerà lottare per dimostrare che in estate le foglie sono verdi*". Ci siamo arrivati. Per dimostrare ciò che ovvio, dobbiamo presenziare pubblicamente al di là dei falsi moralisti o di coloro i quali vogliono vivere attuando la "politica dello struzzo". È un piccolo coraggio che dobbiamo avere, in attesa forse – chissà – di un più grande coraggio che ci verrà chiesto in futuro, e, purtroppo, come affermava Winston Churchill: *"Una bugia ha fatto già il giro del mondo quando la verità ancora non si è infilata gli stivali"*.

Da qui la decisione di pubblicare questo libro maturato in tanti anni di ricerche e soprattutto di sofferenze, non ultimo un articolo demenziale del 20 maggio 2017 (la cosiddetta goccia che ha fatto traboccare il vaso) su un giornaletto molto provinciale e direi quasi scandalistico chissà pagato da chi, perché ci consta che il signore che "dirige" questo giornaletto sia solo un essere esecrabile ed il suo editore ultimamente anche arrestato, ma che ha acuito le ferite ancora non rimarginate di quanto fatto da altri "colleghi giornalisti", ma credo sempre di più che chi fa solo del giornalismo scandalistico e senza costrutto e senza conoscere minimamente la deontologia del giornalista, ovunque lavori (tv o giornali) è meglio che si ritiri in buon ordine.

Lo dobbiamo quindi per la Verità, lo dobbiamo per le troppe ingiustizie subite e per far capire ai troppi "benpensanti" che si attaccano alla "TV del dolore" e non solo, e che così ritengono che chi abbia sofferto per un grande male non possa commetterne uno ancora più grande – con i suoi sodali – e offendere la dignità dell'uomo per la propria megalomania, lo dobbiamo quindi per una nuova "Civiltà...", perché non c'è Civiltà senza il riconoscimento dell'ovvietà del Bene e del Giusto. Da qui la necessità di scrivere un "libro", per risvegliarsi da quello che si può considerare un "brutto sogno" ma del quale ci si porterà per sempre i segni, per mettere in luce quanto e cosa può succedere ad una persona innocente che viene tirata in ballo in situazioni scabrose, come quella che andremo a delineare, in quello che da taluni è stato definito come un "killeraggio dell'anima" nei miei confronti, per mezzo di pressioni con metodi inammissibili ed offensivi, massacrando la mia immagine e reputazione e mettendo in atto una vera e propria persecuzione e, purtroppo, senza la minima difesa da parte di chi doveva porre un freno fin dall'inizio per mezzo di una "assurda negligenza", anzi: fui invitato a fare altre scelte di vita dicendo che si voleva preservare la mia persona da ulteriori strumentalizzazione concedendomi di svolgere la missione di sacerdote *"fidei donum"*, ma praticamente invitato a scegliere l'esilio, anche perché non si capisce quale "peccato originale" abbia io commesso per essere stato trattato così come si potrà leggere in seguito. Tutto ciò anche da parte di chi appunto mi avrebbe dovuto difendere ed invece ha messo il "carico da novanta" con una "ostinata intransigenza" come si suol dire, ed anche se come dice il grande Oscar Wilde: "*Regala la tua assenza a chi non dà valore alla tua presenza*", ed è per questo che in ogni caso ben volentieri ho scelto di partire lontano dai miei affetti e svolgere altrove la mia missione per continuare a vivere nella normalità, ma continuando a subire duri attacchi pur vivendo ed operando all'estero. Cose incredibili!

Ma credo che è inutile dire che forse tutto questo non servirà a molto di fronte al danno arrecato non solo alla persona ma anche alla "funzione" svolta da chi effettua un ministero. Un danno enorme, i cui effetti deleteri e devastanti vengono amplificati all'ennesima potenza dal generale clima di diffidenza e di timore che si vuole ingenerare nella gente verso una parte della Chiesa.

Rimane, certamente, il grande valore anche e soprattutto simbolico dell'operato di tutte quelle persone che ancora si battono senza se e senza ma in difesa di chi veramente ha bisogno, e che dimostrano quanto pericoloso e grave sia cedere a frettolose e false condanne, basato solo sul sentito dire o perché così hanno deciso "loro" che sono la verità in terra.

Infatti dopo neppure un anno e mezzo dalla scelta di andare in Missione all'estero con la Fondazione Migrantes – dopo la breve esperienza con l'Apostolato del Mare -, sono stato eletto dai confratelli Missionari della Zona Nord di Germania e Scandinavia, Operatori Pastorali e Addetti ai lavori, Delegato della Zona Nord di Germania e Scandinavia e di conseguenza membro del Consiglio Nazionale di Delegazione, avendo così oltre la competenza come Missione di Amburgo su: Hamburg, Schleswig-Holstein, Mecklenburg-Vorpommern e Bremen, come Delegato di Zona la competenza per: Berlin, Niedersachsen, Nordrhein-Westfalen, Brandenburg e parte di Hessen e Sachsen-Anhalt, oltre ad una parte di Scandinavia e precisamente Svezia e Finlandia......tutto questo per dire come sempre che "Nemo Propheta in Patria"!

L'inizio del distacco, dopo i vari iniziali accadimenti, fu per me tragico, perché ebbi la sfortuna di avere un incidente - dopo neppure una settimana dall'inizio della mia attività quale

Ufficiale del Welfare lavorando sulla Costa Crociere con l'Apostolato del Mare - che mi ha visto bloccato per oltre 14 mesi tra un letto di casa e di ospedali e centri specialistici, tra rieducazione dell'arto per mezzo di fisiokinesiterapia e non solo, dopo un delicato intervento chirurgico di ricostruzione e plastica del quadricipite femorale sinistro con l'installazione di un tendine di nuova generazione e, tutto ciò, non sarebbe accaduto se non fossi stato vittima di un complotto ben organizzato ai miei danni, che mi ha visto quale *"capro espiatorio"* mandato via dalle mie consuete occupazioni. Pertanto quanto qui raccontato, non è stato scritto per accusare o difendere, bensì per offrire la ricostruzione, documentata, di quanto è stato ignorato e trascurato per errori anche da parte di chi ha il compito di svolgere le indagini, ma le svolge in maniera poco ma poco professionale cioè: *Male.* C'è molta ignoranza sul caso, bisogna dire, forse per taluni neanche voluta, ma occorreva far chiarezza. In un Paese in cui si sa tutto di tutti, mancava qualcuno che raccontasse l'altra faccia della medaglia, di storie sulle quali si è speculato fin troppo per chissà quali fini e, pertanto, c'era un vuoto da colmare affinché determinati fatti non cadessero nell'oblio, ma nel continuare a colpire un innocente o più innocenti! Eppure oggi vengo coinvolto nel cosiddetto "omicidio di Elisa Claps e della morte di Anna Esposito", accomunato nella definizione di "criminale e miserabile" oggi così diffusa. Non lo accetto, nella serena coscienza di non avere mai personalmente approfittato del mio ruolo. Ma quando la parola è flessibile, non resta che il gesto. Mi auguro solo che questo possa contribuire a una riflessione più serie e più giusta, a scelte e decisioni di una democrazia matura che deve tutelarsi. Mi auguro soprattutto che possa servire a evitare che altri nelle mie stesse condizioni abbiano a patire le sofferenze morali e materiali che ho vissuto in questi anni, a evitare processi sommari (sui giornali od in televisione) che trasformano un'informazione in una preventiva sentenza di condanna. Per questo mi chiedo ancora:

Perché?

PERCHÈ DON VIGNOLA? IL "CONTRO PROCESSO"

Lo scopo di questo "libro" è quindi ovviare a lacune macroscopiche e volute, sintetizzare fatti noti arricchiti con testimonianze inedite, ma anche di saper offrire uno sguardo d'insieme capace di tradursi in una cronaca avvincente, un libro che si legge come un romanzo e che è invece storia vera. Sviluppare, dunque, il **"contro processo"** al processo mediatico e, tengo a ribadire con forza, solo ed unicamente mediatico al quale io sono stato "imputato" da circa otto anni, fornendo al lettore una documentazione ampia e precisa; necessaria soprattutto perché la tendenza è quella di ignorare i fatti che non coincidono con la versione di chi desidera che solo la propria verità appaia a tutti i costi perché oramai agli onori delle cronache e continuandola a sbandierare in ogni luogo ed in ogni dove, con la scusa della ricerca di una verità che non coincide però alla pura verità, ma pur di screditare coloro i quali hanno deciso di crocifiggere per un proprio interesse e tornaconto si fa di tutto, continuando a dire menzogne dopo averle scritte o fatte scrivere anche in articoli o libercoli che si cerca di presentare dappertutto, anche dopo che alcune verità sono inconfutabili, mettendo però in essere, purtroppo per loro, un antico adagio che così recita: *il guaio dei bugiardi è che non si crede mai a nessuno* oltre al fatto che *il bugiardo si deve ricordare quello che dice.* Ho cercato, pertanto, di raccontare i fatti nella loro giusta verità e direzione; perché, quindi, si possa ridare l'onore e la dignità a chi la si è voluta togliere con cattiveria diabolica, proprio perché c'è stata una gravissima alterazione della realtà che ha causato un dolore inimmaginabile – fisico e morale - che non ha prezzo e, che, solo pubbliche scuse da parte dei responsabili potrebbero in parte lenire, in quello che è stato un comportamento più che dignitoso, da parte del sottoscritto, durante questo continuo stillicidio mentre dall'altra parte abbiamo avuto una classe Istituzionale ed Ecclesiale che mi ha totalmente abbandonato.

Purtroppo io credo che queste scuse non arriveranno mai perché chi: "ha gli scheletri nell'armadio – anzi un ossario – mai potrà disvelare il male che è in loro", in quanto si andrebbero a scoprire tutte le loro magagne che vogliono coprire e non mi è estranea la convinzione che "forze oscure" coltivino disegni che nulla hanno a che fare con il rinnovamento e la "pulizia", a differenza loro i quali fanno sì che l'attenzione ricada su qualcun altro o su fantomatici gruppi occulti di potere e, quindi, volendo distogliere l'attenzione da certe situazioni per loro scomode.

Anche in un articolo di un giornale a livello nazionale (Il Giornale di venerdì 18.11.2011) veniva scritto: ***"Dipingere, ad esempio, il parroco don Pierluigi Vignola con le tinte fosche usate nel corso dell'ultima puntata di Chi l'ha visto?, è stata una scelta davvero infelice. Don Vignola non ha niente a che vedere con eventuali trame oscure legate alla tragedia di Elisa Claps. I sospetti mossi contro don Vignola nel corso della trasmissione ci hanno francamente lasciato molto perplessi per la loro intrinseca inconsistenza e l'assoluta mancanza di legami rispetto alla vicenda Claps. Aver buttato addosso a questo giovane sacerdote schizzi di fango, non fa onore a nessuno. Ma, soprattutto, non fa onore alla verità",*** proprio a dar man forte al fatto che chi mi conosce sa bene che sono tutte invenzioni le accuse che mi hanno rivolto.

Pertanto nessun fine difensivo particolare in questo libro, ma dimostrare l'infondatezza di quanto scritto e continuato a scrivere fino a poco tempo fa su giornali e libercoli vari, e detto anche in tv, e continuato a dire falsamente nel tempo – anche da una piccolissima parte della società sia civile che ecclesiale - respingendo pertanto al mittente gli attacchi rivolti, cercando di capire il movente di questi attacchi senza pari e di questo intrigo inimmaginabile ordito da chi e perché? Si potrebbe quindi dire, parafrasando quanto affermato nell'Amleto: *"C'è del marcio in Danimarca – C'è del marcio in Basilicata"*. Per tutto ciò, al termine del contro processo, non si può evitare di riconoscere come, per nascondere episodi di collusione o di omissione o peggio, sia stato letteralmente inventato un capro espiatorio. Perché, quindi, mi hanno scelto come "capro espiatorio", così come mi hanno detto vari amici e non ultimo un conoscente giornalista-scrittore di una Tv commerciale a livello nazionale (cfr. P. Maurizio), il quale pure lui però non è che mi abbia trattato bene nel suo libro, anzi, è rimasto convinto in alcune sue posizioni che sicuramente – a sua giustificazione - qualcun'altro (sicuramente quello che lui considera in modo molto ma molto sbagliato un "bravo cronista", cfr. F. Amendolara) in maniera errata e fraudolenta gli ha permesso di continuare ad avere e quindi di perseverare nell'errore, e di conseguenza mi chiedo: perché hanno continuato nel loro teatrino mediatico invece di pensare a cose molto più serie che ci possono circondare e che ci circondano nella quotidianità?

In una vicenda infinita, intricata e dolorosa come quella della giovane Elisa Claps, scomparsa nel 1993, i cui resti sono stati ritrovati (o fatti ritrovare?) solo nel 2010, così come per certi versi anche nel caso Esposito, il fattore umano ha avuto molto peso e lo dimostra la fortissima emozione che continua a suscitare; ma nel corso di questi anni ci siamo trovati di fronte a straordinarie messinscene, a frottole di mitomani o a depistaggi ispirati a motivi più diversi, non esclusa la truffa, la voglia di guadagnare sfruttando la sacralità della morte o l'ansia di notorietà da parte di imbroglioni, millantatori e non solo… e ogni volta si è riaccesa la speranza, in qualche caso si è avuta perfino la sensazione di essere ad un passo dalla verità, ma purtroppo una verità che non sempre è coincisa con la "pura verità", ma pur di avere l'attenzione ed una vasta e continuata platea mediatica e non solo: anche i familiari (Claps ed Esposito), parte dei media (cfr. Amendolara, Sciarelli & C.), "chiesa buona" (cfr. don Cozzi), forze dell'ordine ed altri personaggi noti e meno noti, hanno tirato in ballo persone innocenti come me che nulla ha mai avuto a che fare con questa ed altre storie. Ci si è accaniti contro di me che a differenza di altri confratelli invece non ho mai avuto nulla a che spartire con la Chiesa della SS. Trinità, visto che ero parroco fuori città e per ben 13 anni 1990-2002, ed alla SS. Trinità sono andato come sostituto se non per alcune celebrazioni come tanti altri sacerdoti, cosa che i complottisti sanno ma vogliono far credere e continuare a far credere il contrario.

Non è un caso che determinati personaggi siano arrivati a istruire un processo mediatico sul mio conto, perché non essendoci alcuna prova del mio coinvolgimento in queste storie, al contrario ci sono molte prove che mi vedono proprio lontano mille miglia da queste situazioni, ma bisognava che divenissi il "capro espiatorio" di queste situazioni a differenza di altri che non sono stati sfiorati lontanamente da queste vicende e chissà perché?

Ecco allora l'andare a cercare di "scandagliare" nella mia vita e vedere tutti i personaggi che mi sono girati intorno ed attorno in questi ultimi decenni, così da capire chi anche dei miei "amici" – come dei Giuda Iscariota – mi ha potuto tirare in ballo in situazioni per le quale io ero e sono all'oscuro di tutto, vendendomi per un "piatto di lenticchie" ai cosiddetti "bravi cronisti" (cfr. S. Lapenna e F. Amendolara). Io che ho sempre considerato la lealtà e l'amicizia qualcosa di estremamente importante, a differenza invece di chi si è presentato a me con una faccia di perbenismo o mi diceva che era un caro confratello o anche amico d'infanzia, che sicuramente per coprire qualcosa per loro di estremamente imbarazzante non hanno esitato a comportarsi – ora come allora - come dei *"pigri secondo la Bibbia"* o come degli *"utili idioti"* di staliniana memoria e, quindi, venire meno a quelli che erano considerati legami accompagnati da sentimenti di affetto vivo e reciproco.

Certo alla fine quello che andremo a scoprire è che, con "dispiacere" per gli accusatori, si vedrà venire meno tutte le teorie di familiari delle vittime (cfr. Claps ed Esposito), giornalisti (cfr. Amendolara, Sciarelli & C.) o pseudo tali (cfr. G. Laguardia), scrittori o pseudo tali (cfr. Jones & C.), membri delle forze dell'ordine e della stessa "Chiesa buona" (cfr. don Cozzi, tra l'altro lui rinviato a giudizio e sotto processo per calunnia e diffamazione nei confronti del dott. Michele Cannizzaro e dell'allora sostituto procuratore Felicia Genovese (da qui si capisce anche il complotto ed il suo coinvolgimento in queste strane storie) e non io che invece a differenza sua ho subito solo e solamente violenti attacchi mediatici.... e basta!!!) ed altri.... e quindi che, per loro "sfortuna", l'aver attaccato una persona che nulla c'entra con le loro elucubrazioni mentali e fattolo divenire loro "capro espiatorio", ha disvelato invece tutte le loro fantasie, malvagità e situazioni imbarazzanti e che, nonostante sappiano tutto ciò alla fine essere solo delle grandi fandonie e falsità, non possono per una questione di "dignità professionale" rimangiarsele, anche se con umiltà potrebbero dire a milioni di italiani loro telespettatori, ed ai loro lettori o colleghi e superiori, clienti ed amici e fans anche di aver sbagliato e forse sarebbero più apprezzati, ma come recita un antico adagio: *"The Show Must Go On – Lo spettacolo deve andare avanti"*. Quindi anche se attaccano innocenti, famiglie, comunità od altro, senza alcuna prova e per mezzo solo di elucubrazioni mentali, devono continuare a portare avanti le loro "false teorie", il "loro Show", il che dà dimostrazione di quanto a loro non interessi la verità e la giustizia ma altro..., e pertanto chi asseconda oppure ne è sodale a chi fa del male con cattiveria gratuita, calunniando come dei vigliacchi e degli infami, non è più vittima ma complice. L'esempio lampante è l'aver fatto sì che andassi lontano dai miei affetti e dalla mia terra come se fossi colpevole di una qualsivoglia situazione, quando invece – io – ho portato avanti sempre come impegno la giustizia e la legge ed anzi ho contribuito in più occasioni affinché fosse ristabilita la legalità dove c'era un palese malaffare e varie attività delinquenziali a livello locale e nazionale ed anche a livello internazionale, (dal traffico internazionale di stupefacenti al riciclaggio, dallo smaltimento di sostanze/scorie tossiche all'usura, dallo sfruttamento della prostituzione alla truffa, ecc...ecc..., ma senza suonare le trombe).

Capire quindi di quanto sia pericoloso nel nostro Paese che, soprattutto, chi viene pagato anche con i soldi dei contribuenti, possa essere invece il "deus ex machina" di tante situazioni, i quali creano i presupposti a tavolino per fare anche delle trasmissioni televisive, senza preoccuparsi se rovinano le persone oppure no, senza vedere se una persona è innocente oppure no, in quanto distruggono, con le "loro parole come pietre" e con la lingua che è più tagliente di una spada, in pochi minuti di trasmissione e di articoli di giornale, le persone con le loro falsità e mascalzonate, perché sempre impuniti ed anche perché la *"Tv del dolore"* comunque funziona sempre, quindi: chi mi ripagherà del linciaggio mediatico di cui sono stato vittima e di cui sono ancora vittima in talune situazioni?

Sembra passato molto più tempo da allora. Era primavera, è venuta l'estate, poi l'inverno con i suoi attacchi, un'altra primavera e così via. Siamo giunti all'ottavo inverno ma nessuno ha fatto ancora nulla. Le mie denunce sembrano essersi arenate in quei palazzi di giustizia dove il tempo sembra trascorrere lentissimo tale da far invidia ad una tartaruga, mentre altri, di tanto in tanto, continuano a buttar fango su di me.

È pur vero come diceva un grande Tenente della Polizia Americana che: *"Le buone idee vengono dai libri e le cattive sempre e solo dai giornali"*, ma è pur vero che ci sono anche certi libri che rifacendosi ai giornali o a certi giornalisti, riescono a trasmettere solo idee cattive. Pertanto quando si danno le notizie, sarebbe bene che venissero riferite in modo esatto e nei termini reali e siamo curiosi, quindi, di sapere come si comporteranno quando alla fine si scoprirà che sono state solo delle bufale quelle raccontate su di me – per non dire altro – e, pertanto, se con la stessa evidenza con cui sono stato criminalizzato mi si chiederà scusa.

Ecco perché bisogna stare attenti a ciò che si dice e si scrive, infatti una spada può ferire quando colpisce il bersaglio. Tant'è che l'uomo ha anche inventato strumenti per difendersi: armature, scudi, ed ha affinato così tanto la tecnica che la spada viene usata prima di tutto per parare i colpi dell'avversario.

Le parole invece non feriscono, LE PAROLE UCCIDONO... quando usate male e falsamente, uccidono la parte più fragile di una persona: *la sua anima,* ed ogni colpo è letale e non siamo stati capaci di inventare strumenti per difenderci, perché non esistono.

Inoltre la spada se manca il colpo, il pericolo è scampato... le parole, invece, anche quando non colpiscono subito, rimangono lì sospese ad osservare il momento migliore per tornare, non c'è modo per evitarlo e quindi pensiamo che bisognerebbe sempre stare attenti ad usare le parole, però purtroppo molti non usano in contemporanea testa e bocca e quindi colui che cade in questo tritacarne mediatico potrebbe non essere più in grado di rialzarsi e tutto ciò….

Perché?

Perché forse c'è necessità che ognuno di noi usi con saggezza ed equilibrio le nuove tecnologie che il progresso scientifico ha messo nelle nostre mani e che scrittori, giornalisti ed operatori delle comunicazioni, nel raccontare il mondo che li circonda, *siano sempre attenti e rispettosi della verità e della dignità di ogni uomo* e che si rifletti seriamente sulla "cultura del sospetto" che ha invaso il nostro amato bel paese, così come ad esempio di chi vive di intercettazioni – l'intercettazionismo suffragato dal nulla - e pensa che solo perché una persona sia intercettata debba per forza di cose essere colpevole di una qualsivoglia situazione perché così hanno deciso loro che sono…. "infallibili"…. creando, di conseguenza, dei mostri solo con frasi che vengono estrapolate da tutto il contesto, così come si usa fare poi anche per i verbali giudiziali.

Da ciò che scrisse un noto avvocato penalista della nostra amata città si possono capire tante cose: "*... è necessario promuovere qualche riflessione in materia di violazione del segreto istruttorio nel corso delle indagini penali. Dico subito che sono convinto che la nostra Procura della Repubblica, al pari delle altre procure nazionali, a tutela del segreto investigativo possa e debba fare di più. Altrettanto mi sento di dire a proposito del ruolo della stampa, soprattutto se si considera che la pubblicazione di atti riservati è reato. Alla base vi* *è una questione culturale, anzitutto. Un conto è pubblicare notizie attinenti le attività investigative ed informare il pubblico su questioni di interesse generale: questo è legittimo ed è imprescindibile in una società democratica. Altra cosa è dare conto di fatti e di colloqui intercettati, spesso in modo parziale ed estrapolati fuori contesto, che sono e debbono rimanere riservati, soprattutto quando non vengono neppure considerati di gravità indiziaria dalla magistratura procedente e diventano più che altro utili a stuzzicare la curiosità pruriginosa della provincia. Sembrano temi scontati ma non è così. Dietro gli eventi di un'indagine penale, in particolare nei casi in cui vengono applicate misure coercitive, si celano sensibilità aggredite, reputazioni minacciate, sofferenze e traumi familiari. Una società civile che riconosce tra i suoi principi* ***la presunzione di non colpevolizzare*** *e l'intangibilità della sfera privata del cittadino, non deve prescindere dal rispetto di tali valori, oltre che di quelli di verità e giustizia cui l'indagine penale dovrebbe tendere. Ecco perché, in questo contesto, entra in gioco il ruolo non solo della stampa ma, ancor prima, dei magistrati inquirenti. Il pubblico ministero è organo di tutela anche dei diritti dell'indagato perché non è solo promotore dell'accusa, è al contempo soggetto titolare di giurisdizione. È per questa ragione che continuo a nutrire una forte aspettativa circa la capacità dell'organo di accusa di esercitare uno stretto controllo sulla gestione delle notizie riservate - onde evitarne apposite fughe - soprattutto di quelle più invasive per la dignità delle persone coinvolte, per quelle destinatarie di misure cautelari* ***e ancor più per i non indagati malcapitati tra le carte processuali.***

Il rispetto del segreto istruttorio è, lo ribadisco, anzitutto una questione culturale: raggiungere tale obiettivo rappresenta una piccola "rivoluzione copernicana" che non nuocerebbe allo sviluppo delle indagini né al diritto/dovere del giornalista di informare l'opinione pubblica, osservando i canoni di civiltà giuridica innanzi richiamati. Oggi nel nostro paese si dibatte su tutto ma non più di tanto su questo argomento che, invece, merita di essere recuperato dal dimenticatoio delle coscienze. Noi abbiamo cercato di farlo. Sarebbe auspicabile un'attenzione continua su un tema di tale importanza, in una società civile si cresce anche così".

Mentre Diderot nel suo "Saggio sui regni di Claudio e Nerone e sui costumi e gli scritti di Seneca" scriveva: "*L'errore, tale o supposto, si diffonde con grande strepito; il rimprovero corre di bocca in bocca, accompagnato da finta pietà, e risuona in ogni angolo della città. Mentre, quando sorge un difensore a svelare la malvagità degli accusatori e l'innocenza dell'accusato, la prova di giustizia scivola via, senza echi, cade nell'oblio, e l'innocente continua ad essere sospettato*".

Il libro, che ho voluto scrivere per onore ed in onore alla verità, offre quindi molti spunti di riflessione su determinati periodi storici e situazioni che hanno permesso di disvelare alcuni fatti e come dicevano i latini: "*in cauda venenum*", e la distanza temporale – circa otto anni - consente un certo distacco emotivo ed una maggiore chiarezza di prospettive, anche se ci troviamo a fare i conti con circostanze che mi hanno visto da solo "combattere" per la verità contro chi, agli onori delle cronache, "ha sfruttato e sfrutta" questa posizione, e se la mia fatica in questo silenzio assordante che sembra aver reso una intera classe istituzionale – civile ed ecclesiale - estranea dalla stessa società e questo virus, che è causa di tanti mali fuori e dentro determinate Istituzioni pubbliche, servirà a correggere almeno in parte questa amara situazione, potrò considerarmi soddisfatto come di un dovere compiuto verso l'autentica verità, con il perdono verso tutti coloro che nel tempo mi hanno fatto e continuato a fare del male con cattiveria gratuita e diabolica, e pertanto volendo riprendere sempre ciò che dicevano i latini al termine di tutto quanto si andrà a leggere o scoprire ci sarà: "*Jacta alea esto*" oppure "*Alea iacta est*", e come diceva il grande Martin Luther King: *"Ai nostri più accaniti oppositori noi diciamo: Noi faremo fronte alla vostra capacità di infliggere sofferenze con la nostra capacità di sopportare le sofferenze; andremo incontro alla vostra forza fisica con la nostra forza d'animo. Fateci quello che volete e noi continueremo ad amarvi".*

STORIA DI UN'ORDINARIA FOLLIA

L'ultimo decennio del Novecento si presenta, a prima vista, come un vero e proprio sconvolgimento della storia della società moderna. Tutte le società incontrano delle minacce ricorrenti alla loro esistenza, a cui finiscono inevitabilmente per soccombere. Ma alcune, anche di fronte a queste minacce, riescono comunque a rinviare la fine, bloccando ed invertendo i processi che ne determinano il declino, e ricostruendo la loro vitalità e la loro identità.

Il presente "libro" intende offrire, quindi, uno spaccato di società, certamente provinciale, ma ponendo attenzione ai principi ed ai valori e, pertanto, alla regola del rispetto dell' "uomo in quanto tale", e non quello del fare "ponti d'oro al nemico ed oltraggiare l'amico", con la speranza di un mondo migliore e di un futuro possibile e necessario, alla ricerca concreta della realizzazione del bene umano che è lo scopo primario per una società in cui la verità, la giustizia e l'amore devono trionfare; affinché tutti coloro i quali sono invischiati in queste vicende a vario titolo, possano migliorare dal loro essere boriosi e capire di non pensare di essere "la verità in terra" e vivere storie di ordinaria follia, ma andare a ricercare quella verità autentica che non lascia impuniti i veri colpevoli di queste vicende e capire in fondo – credenti o no – ciò che dice Nostro Signore: *"Andate dunque e imparate che cosa significhi: Misericordia io voglio e non sacrificio, e non avreste condannato persone senza colpa" (Mt. 12,7).*

Un invito, pertanto, a vivere sinceramente la pratica del perdono che deve caratterizzare i Suoi discepoli. Il nostro perdono deve essere instancabile, ed è forse questo che ci costa di più. Molto spesso, riusciamo a mala pena a perdonare nostro fratello o nostra sorella, facendo peraltro capire che non deve però farlo un'altra volta.... sennò.....

Ci risulta molto difficile perdonare sempre di nuovo, come se fosse la prima volta; ci risulta molto difficile avere abbastanza pazienza e abbastanza amore per guardare sempre con la stessa fiducia quella persona a cui bisogna perdonare due volte, dieci volte, mille volte una stessa cosa. Il nostro cuore è fatto così: noi poniamo sempre limiti al nostro amore!

L'amore del Padre invece è infinito. Il Padre ci perdona sempre, e noi sappiamo che ha diecimila occasioni di farlo. Il suo desiderio ardente è che noi, dal momento che riceviamo continuamente la sua misericordia, possiamo diventare a nostra volta misericordiosi nei confronti dei nostri fratelli. *Le offese che dobbiamo perdonare loro, saranno sempre di poco conto di fronte a quelle che Dio ci perdona senza contarcele!* E se è pur vero che qualcosa di terribile ci può aver colpito, perché non prendiamo esempio da altre storie e situazioni che hanno ricevuto lo stesso male o forse peggio e nel silenzio e con dignità grande hanno vissuto e vivono il loro dolore, anzi (cfr. Famiglia Gambirasio) hanno pregato e chiesto di pregare per la famiglia del presunto assassino della loro figlioletta, mentre altri (cfr. Famiglia Claps ed Esposito) continuano invece a chiedere – non giustizia e verità – ma vendetta con odio, anche verso i morti oltre che verso coloro i quali con le loro storie nulla c'entrano e mai hanno saputo qualcosa, ponendosi sempre come i migliori e gli unici che hanno sofferto per una perdita? Gesù replicò: *"Lascia che i morti seppelliscano i loro morti; tu va' e annunzia il regno di Dio"* (Lc. 9,60). Ma forse il sacerdote della "Chiesa Buona" (cfr. don Cozzi), quello che vuol essere il "novello don Sturzo", colui che è stato rinviato a giudizio ed è sotto processo per calunnia e diffamazione, colui che si pone come difensore dei deboli e degli oppressi, colui che anziché fare il sacerdote fa il poliziotto-magistrato-giornalista-scrittore ecc… ecc.., che vede il male dappertutto, tranne tra i suoi amici e sodali, colui che appunto sarebbe stato posto vicino ad una famiglia (cfr. Claps) in sofferenza – forse vent'anni fa perché ora ha solo sfruttato e sfrutta la sacralità della morte della congiunta per una propria platea mediatica e non solo -, a colui il quale di professione fa: "professione fratello" (Cfr. Gildo Claps) – così come si dice e gira voce in città e non solo ed oramai da molto tempo, non l'ha mai insegnato, e che in una intervista è stato così definito – professione fratello - dall'Arcivescovo di venerata memoria Mons. Appignanesi: "…. *In quella famiglia poi ci sta suo figlio che pensa di sapere e capire tutto di diritto. Se hanno prove contro qualcuno le portino al tribunale o tacciano. Ma la vera irresponsabilità e la scarsa sensibilità viene da trasmissioni che vogliono processare, con animo intollerante, la Chiesa di Potenza*". Questo personaggio (professione fratello) anche lui denunciato per diffamazione, ingiuria e calunnia per le false ed allucinanti e gravissime dichiarazioni sul mio conto e della mia famiglia, avendomi accusato persino di aver coperto il "presunto" assassino della sorella, denunce che si sono perse in chissà quale cassetto di quale "Procura della Repubblica Italiana" e per le quali non abbiamo mai avuto alcuna notizia. Tutto questo proprio perché la macchina del fango non si arresta, ed è il caso di dire che la realtà diffamatoria supera anche la più fervida fantasia unicamente per portare avanti un copione iniziato da altri – "Chiesa buona" (cfr. don Cozzi) ed i suoi sodali quali *"utili idioti"* di staliniana memoria - dal lontano 2002 e chissà per quale altro fine, senza accettare ciò che la magistratura ha già accertato da tempo e detto a chiare lettere che determinati accadimenti tra di loro non hanno alcunché di legato e che non c'entrano né massoneria, né servizi segreti, né gruppi occulti di potere e né altro da loro palesemente inventato e mai dimostrato, in quanto sono solo distruttori con l'odio integrato e perché bugiardi e secondo l'antico adagio: *il guaio dei bugiardi è che non si crede mai a nessuno.*

Tutto questo perché anche lui, don Cozzi, purtroppo vive sicuramente male la sua ministerialità e non è pertanto sereno nel giudizio, in fondo lo si conosce fin troppo bene e da anni, ed è tipico di questi personaggi avere la memoria corta e dimenticare il passato…

Il "loro passato", il "loro ossario", infatti lui che parla di dolore di questi e di quest'altro, ma del dolore di chi viene messo in mezzo in maniera innocente come un suo confratello in tutto ciò, perché non viene detto nulla e chiesto scusa?

Perché anche lui gestisce questo teatrino mediatico, essendone il co-produttore! Ecco allora che viene meno l'Amore che è l'anima della vita della Chiesa e della sua azione pastorale. Solo chi vive nell'esperienza personale dell'amore del Signore è in grado di esercitare il compito di guidare e accompagnare altri nel cammino della sequela di Cristo. Servire Cristo è anzitutto questione d'amore, cosa che non risulta né in quel sacerdote della cosiddetta "chiesa buona", né in quella "famiglia" (cfr. Claps) che doveva essere guidata al perdono e non all'odio ed alla violenza. La nostra appartenenza alla Chiesa e il nostro apostolato devono risplendere sempre per la libertà da ogni interesse individuale e per l'adesione senza riserve all'amore di Cristo. Solo in Lui si trova quel connubio di verità ed amore in cui è posto il senso pieno della vita e sulle orme dei Santi, anche noi dobbiamo essere una Chiesa che annuncia con franchezza la lieta notizia di Cristo, la sua proposta di vita, *il suo messaggio di riconciliazione e di perdono,* cosa che non si è visto in tutti questi anni, anzi si è alimentato sempre più l'odio e la vendetta e chissà perché; anzi, certi personaggi, proprio perché agli onori delle cronache sono divenuti "quasi intoccabili" per un dolore che, purtroppo, come loro hanno ricevuto tante altre persone in Italia e nel mondo, ma che non hanno fatto e fanno tutto quanto loro stanno facendo e chissà perché? E guarda caso ci sono certi personaggi in queste vicende che hanno fatto grandi carriere fulminee, (dicono che il don Cozzi sia vice presidente nazionale dell'Associazione Libera...anche se non risulta nei quadri dirigenti) o altri che sono risuscitati da un oblio che li aveva relegati in un angolo e da anni non si sentiva parlar di loro e vedere sulla scena cittadina (cfr. G. Laguardia). Si è quindi capito come l'opinione pubblica non fosse abbastanza informata se non per ciò che hanno voluto far apparire all'esterno, chi di queste vicende ha fatto pertanto una sua platea mediatica per propri interessi personali come nell'affermare che *"la storia di Elisa è il perfetto manuale di tutto quello che non si deve fare in caso di scomparsa"*, ed infatti certamente si dovevano evitare di fare tutte quelle sceneggiate e quegli show che si continuano comunque a portare avanti da anni calunniando e diffamando persone che con questa storia non c'entrano, ed inconsapevoli di queste storie si sono ritrovati in mezzo, ma ricercare veramente la verità.

E quindi ci si chiede inoltre: come mai non si indaga anche su come questi personaggi gestiscono ciò che a loro è affidato dalla cosa pubblica, come in molti ci hanno fatto osservare e che tutto questo risulta essere molto strano, controlli a tappeto su altri ma su certi personaggi mai: come mai? Perché divenuti appunto intoccabili, perché appena li si sfiora si pecca di "lesa maestà"?, in un paese che colpisce solo chi non fa parte di una certa casta?, di coloro i quali tra l'altro divenuti oramai anche opinionisti e commentatori di cose per le quali non sanno nulla ma che invece andrebbero solo richiamati come quando Gesù disse: "*Guai a voi, scribi e farisei ipocriti, che rassomigliate a sepolcri imbiancati: essi all'esterno son belli a vedersi, ma dentro sono pieni di ossa di morti e di ogni putridume. Così anche voi apparite giusti all'esterno davanti agli uomini, ma dentro siete pieni d'ipocrisia e d'iniquità". (Mt.23, 27-28)*, e quindi: "o con noi o contro di noi" e se non si è dalla loro parte subito si viene colpiti anche e soprattutto se innocenti.

Ed ecco allora che bisogna ascoltare ciò che disse sempre Gesù: *"Lasciateli stare! Sono ciechi e guida di ciechi! È quando un cieco guida un altro cieco, tutti e due cadranno in un fosso!" (Mt. 15,14).*

L'INCONTRO INASPETTATO: PRELUDIO DI UN CICLONE CATASTROFICO...

Tutto quanto raccontato, nasce in modo particolare dopo l'incontro con un giornalista-scrittore (cfr. Pierangelo Maurizio) di una Tv commerciale nazionale, il quale indagando da anni sulla vicenda triste di una giovane ragazza di provincia, scomparsa e poi scoperta essere stata assassinata in modo brutale, da una persona senza scrupoli, quello che è considerato il "ragno" nella cui tela è possibile che siano finite più "prede" anche al di fuori della propria nazione, poneva alcune questioni che, il sottoscritto – il sacerdote considerato della "Chiesa cattiva" - piano piano verrà a scoprire nel tempo. Quindi cercherò di far comprendere, in questo libro, anche la vita di chi a servizio del Vangelo si è sempre sentito come nel testo della lettera di Paolo alla Chiesa di Efeso: *"Così dunque voi non siete più stranieri, né ospiti, ma siete concittadini dei santi e familiari di Dio" (Ef.2, 19-22),* e quindi lontano anni luce da quanto contestatomi.

Ho sempre pensato che la nostra condizione di uomini e donne credenti ci rendesse concittadini nella storia di tutti e familiari col Mistero. Ho sempre pensato che la nostra fede ci facesse responsabili nei confronti della vita di ogni creatura e dei difficili parti sociali, storici, economici e culturali e spirituali che la comunità umana vive da sempre. Ho sempre pensato anche, che proprio perché familiari di Dio, non siamo esenti dal vivere sulla nostra pelle le fatiche che ogni popolo fa per poter essere popolo degno e libero. Ma tutto questo è stato fatto nel mio ambito, cioè nel luogo dove ero stato inviato a svolgere la mia missione e non nella mia città e pertanto: perché continuare ad affermare che ero il Vice-Parroco nella Chiesa della SS. Trinità in Potenza (dove furono trovati i resti della ragazza scomparsa)? – come il fatto che ero in quella Chiesa a celebrare quel giorno di settembre del 1993 (quando la ragazza scomparve) se ero fuori città nelle mie parrocchie di "campagna"?

È del tutto ingiustificato e pretestuoso nel continuare ad affermare una palese falsità, nonostante anche coloro che indagavano ora come allora sapevano benissimo che non lo ero mai stato vice-parroco della SS. Trinità, ma faceva e fa comodo farlo credere; invece ero nelle campagne e nei dintorni – dall'ottobre del 1990 (dal mio rientro dopo gli studi in Roma) al novembre del 2002 - e fui inviato in campagna per invidia da parte di chi mi poteva vedere come un "pericolo" al loro potere consolidato nel mio ambito ecclesiastico, da coloro che furono come consiglieri fraudolenti del mio caro ed amato Pastore Mons. Vairo di venerata memoria, verso i quali ci sarebbe anche tanto da dire e da poter scrivere un altro libro intitolato: ***"Vizi e virtù dei Ministri di Dio in una Diocesi del sud Italia"*** e, pertanto, con tutto il rispetto per la sacralità della morte, la scomparsa di una giovane ragazza della città non era certo nei miei pensieri e nella mia vita – come in maniera ironica invece a tenuto a ribadire il signor "professione fratello" (Cfr. Gildo Claps) – *sempre così come soprannominato ormai da tanti in città* - ma purtroppo per lui i miei pensieri erano altrove e non certo nel vedere manifesti che guarda caso dopo neppure un paio di ore dalla scomparsa erano già stampati ed appesi ovunque e come mai e perché così presto?

E come mai insinuare, sempre da parte del solito giornalista (cfr. F. Amendolara) che da "fonti" – palesemente false – si afferma che mia sorella avrebbe detto che invece fu lei ad aprire la Chiesa quella fatidica domenica al signor "professione fratello" (cfr. Gildo Claps), quando non è assolutamente vero e questi, tra l'altro, se mai andò in chiesa (visto che determinate dichiarazioni da lui fatte non combaciano con quanto affermato nel tempo ma dicendo altro e così via) come mai andò dopo neppure un'ora dalla presunta scomparsa della sorella e chi gli aprì alle due del pomeriggio, se tra l'altro ha affermato di avere incontrato l'amica di Elisa alle 14.00, e di aver telefonato tra le 14.30 e le 14.45 a casa del presunto assassino? Aveva il dono dell'ubiquità? Come mai fare queste affermazioni ed altre, così come ascoltate in interviste televisive e lette anche nei giornali di sabato 15 maggio 2010 e tirare anche in ballo il sottoscritto? Con la solita furbizia proverbiale e famoso "letto di Procuste", con il quale – il solito "giornalista d'assalto Amendolara", amico di professione fratello (cfr. Gildo Claps), della "chiesa buona" (cfr. don Cozzi), dei professionisti del foro (cfr. S. Lapenna) ecc…ecc… - adatta il tutto a seconda delle esigenze della situazione secondo i suoi gusti o condizionamenti del momento?

Pertanto o lui – Gildo Claps - dice falsità (avendo già mentito e continuando a mentire nel tempo accusando innocenti, famiglie e comunità e cambiando sempre versioni alimentando polemiche e seminando dubbi e perplessità ma, purtroppo per lui, solo sui suoi/loro comportamenti passati, presenti e futuri) o il giornalista Amendolara scrive falsità e comunque, al di là di tutto, tutti e due mentono sapendo di mentire, e già si può delineare il disegno "criminoso" di vendetta perpetrato nei confronti del sottoscritto; così come fatto poi anche nei confronti del nostro già Pastore Mons. Superbo unicamente per la pretesa di un *"danno ingiusto risarcibile"*. Tutto ciò per nascondere le loro falsità e quindi vendicarsi di quanto detto invece da mia sorella precedentemente alle loro affermazioni, che in quanto membro del Centro Giovanile "J. H. Newman" e quindi collaboratrice dell'allora parroco della Chiesa della SS. Trinità, era in chiesa il primo pomeriggio (dalle 15.00) di quella fatidica domenica del 1993, e le si presentò nell'Ufficio Parrocchiale/Sacrestia solo intorno alle 17.00/17.30 un uomo qualificandosi come poliziotto e chiedendo notizie di questa ragazza scomparsa e quindi non avendo mai visto il Gildo Claps in chiesa quel giorno, smontando così le falsità da loro affermate dopo e continuate ad affermare negli anni e senza che questi avessero voluto neppure mai accettare un incontro – anche pubblico – con chi poteva smentire quanto detto e continuato a dire nel tempo appunto da "professione fratello" (cfr. Gildo Claps) e sua madre, che credevano invece la congiunta fosse nelle costruende scale mobili della Città e non certo nella Chiesa della SS. Trinità. Ed inoltre ci si chiede: "*Come mai in una domenica di 25 anni fa una tipografia – all'ora di pranzo - era già pronta a stampare manifesti della sorella di "professione fratello"? Che fortuna avere amici tipografi, o già sapevano che la sorella sarebbe scomparsa o già era successo altre volte e quindi avevano già i manifesti pronti, come gira insistentemente voce in città? Come mai poi dopo nemmeno un'ora dalla cosiddetta scomparsa, essere passati dalla tipografia ed affiggere anche i manifesti per la città: ma non erano in campagna? Poi immediatamente alle 16 fare la denuncia di scomparsa in questura da parte del padre e dell'altro fratello e nel contempo il Gildo Claps andare alla sede regionale della Rai e chiedere di trasmettere un comunicato sulla scomparsa - perché aveva i suoi buoni motivi disse al giornalista di turno -, il tutto solo a quattro ore dalla scomparsa? Non è strano tutto questo? Interrogativi che si sono posti in molti, come gli stessi colleghi giornalisti che mi hanno raccontato ciò e come anche cittadini comuni, ma per i quali nessuno ha mai dato risposta oppure ha indagato a fondo*", a differenza invece di chi ha scritto: *"nel tardo pomeriggio sono già pronti i manifesti con il viso sorridente…."*, una vera stranezza a differenza di un altro caso avvenuto dieci anni prima a Roma, la scomparsa di Emanuela Orlandi avvenuta il 22 giugno 1983 che vide solo dopo due giorni dalla sua scomparsa i quotidiani romani Il Tempo e Il Messaggero pubblicare la notizia della scomparsa ed una fotografia della ragazza, nel mentre tappezzare la città con i manifesti del viso sorridente di Emanuela solo dopo altri giorni. Roma Capitale e Città del Vaticano con tutte le possibilità ha visto i manifesti dopo una settimana circa, Potenza piccolo capoluogo e di domenica nemmeno ad un paio d'ore dopo la scomparsa della giovane c'erano i manifesti appesi sui muri della città; le solite stranezze come sempre ci hanno fatto osservare in molti, ma purtroppo per loro io non ricordo affatto tutto questo, non essendoci in città e poco mi interessa e interessava, ai pettegolezzi non sono mai andato dietro e non mi interessava e interessa fare l'investigatore o il giornalista di cronaca nera – a differenza del confratello della "Chiesa buona" e dei suoi amici giornalisti d'assalto (cfr. Cozzi ed Amendolara) - e quindi chi ha detto che erano appesi dopo un paio d'ore dalla "cosiddetta" scomparsa – cioè già dalle prime ore del pomeriggio di quella domenica - non possono sbagliare e, comunque, la mia vita non girava certo su un fatto di cui neppure ero a conoscenza se non del fatto che in giro si diceva: *è scomparsa una ragazza, sarà scappata come altre volte, chissà dov'è, l'avranno rapita......*

Ma questo sempre molto dopo, il dire del comune quotidiano e quindi non era certo questo il mio pensiero come lo poteva essere quello – giustamente - da parte dei familiari che, tra l'altro, hanno supplicato i giovani ragazzi e ragazze di quel Centro Parrocchiale, tanto criticato ed accusato ingiustamente anni dopo da parte di quella stessa famiglia, ad andare ad un processo a testimoniare contro chi si presumesse allora fosse il colpevole e che avesse ucciso e nascosto il corpo della loro congiunta nelle costruende scale mobili – dove appunto hanno sempre pensato ed affermato fosse la loro congiunta – e non certo nella Chiesa della SS. Trinità, dove tra le altre cose ai ragazzi dissero che nel processo – il primo intentato al presunto assassino per false dichiarazioni al pm - **avrebbero dovuto affermare che neppure fosse mai andata in quella Chiesa la loro congiunta**, e questo tutto all'inizio della storia, per poi nel futuro cambiare versioni come meglio poteva far loro comodo anche per la sempre ricercata platea mediatica e non solo (al lettore quindi cercare di capire il perché di questo dire, non dire, cambiare versioni ecc…ecc…), ed inoltre anche parlar male, appunto, del Centro Parrocchiale e di quei ragazzi e ragazze (tranne ovviamente dei loro parenti membri anche di quel centro e che non andarono neppure a testimoniare in quel processo e chissà perché?) facendoli apparire chissà come: alias ragazze/i dai facili costumi ecc…ecc…, che però a suo tempo avevano fatto tanto comodo, e non nel cercare giustizia e verità ma vendetta con odio, anche contro chi di questa storia mai ha saputo nulla, mai si è interessato e mai gliene è interessato qualcosa, se non per qualche battuta come qualsiasi comune cittadino che legge o ascolta che è sparito qualcuno.

Quindi perché questa ostilità e questo continuare a parlare e far parlare male, unendo anche situazioni che tra di loro non hanno nulla di collegato come per il caso Esposito, ma pur di buttare fango sul sottoscritto hanno continuano a fare di tutto e di più ed anche con personaggi delle Forze dell'Ordine, che poi si sono rivelati falsi ed ipocriti nonostante fossero a me affidati spiritualmente e quindi si sono dimostrati peggio dei cobra reali? E perché invece chi era poi preposto a guidare – ma dopo un decennio - queste povere anime tristi ed abbandonate alla sofferenza per una perdita cara, cioè il don Cozzi, non ha fatto altro che alimentare odio e violenza e rimestare, ma solo anni dopo, cioè dal 2002/4 in poi, invece di condurle al perdono e all'amore?

Perché?

Ecco perché c'è necessità della familiarità con il Mistero e solidarietà con la storia, ed anche chi è/era preposto a ciò dovrebbe farlo anziché pensare di guidare verso corsi d'acqua torbidi anziché limpidi, non c'è peggior cosa infatti che far diventare l'acqua limpida torbida melma e, forse, la colpa maggiore dell'odio che si è instaurato in chi ha avuto una sofferenza è maggiore di chi lo versa con continue accuse a destra e manca, senza andare alla ricerca della verità autentica, anzi forse uscendo anche con frasi che non hanno senso e seminano dubbi e maldicenza con il solito dire: "siamo alla svolta, devono tremare coloro che sanno....", o come ha da don Cozzi imparato il Gildo Claps che in ogni occasione ripete: "presto ci saranno importanti novità..." o come ripete la mamma: "il mio unico desiderio prima di chiudere gli occhi è sapere chi ha manovrato i fili di questa storia, anche se io lo so" e invece il nulla, sempre e solo il nulla e nessuna importante novità e mai nessun nome, che pone solo dei grandi: perché?

Allora sembra che si è più tesi a difendere delle posizioni ormai consolidate perché agli onori delle cronache, tv, giornali ed altro, (basti pensare che neppure due giorni dopo la morte del padre, che non si è mai visto per oltre vent'anni perché si presume chiuso nel dolore e nella sofferenza...., Gildo Claps era pronto a mettersi in mostra – come sempre - alla presentazione di un "libercolo fantasioso" sulla scomparsa della povera Anna Esposito, con i suoi sodali amici giornalisti d'assalto (cfr. F. Amendolara) sempre per cercare di unire fatti, storie e persone che tra loro non c'entrano nulla se non per la loro fantasia, e che fantasia.... anziché vivere una esperienza di fede nella sacralità della morte, oltre che di queste morti continuare a fare un qualcosa della propria esistenza pallida come quello di poter entrare anche in politica (come girava voce) od altro, visto che nulla hanno fatto sino ad oggi se non solo "cercare" il/i colpevole/i di questa tragedia e basta, così come si potrà leggere in alcuni brani di chat come vedremo più innanzi.

Noi invece sappiamo, come diceva San Paolo alla sua comunità di Corinto, che abbiamo il diritto di essere alimentati con parole spirituali e con "nutrimento solido" (1Cor 3,1-2), e invece ci sentiamo trattati come destinatari di ciò che pochi decidono ed esprimono per noi senza che ci sia quell'ascolto o quel rispetto verso chi cerca di essere autentico e giusto, ma si fanno analisi che portano solo a sentenze e giudizi come quando Gesù disse: *"Legano infatti sempre pesanti fardelli e li impongono sulle spalle della gente, ma loro non vogliono muoverli neppure con un dito"* (Mt. 23, 4) e sempre più vere sono queste parole. Noi non vogliamo essere collusi e complici di questo stile di vita, perché come credenti e concittadini dei santi e familiari di Dio sappiamo quanto è difficile sospingere la storia verso la pienezza della vita. Sappiamo anche che è difficile essere coerenti, ma lo vorremmo essere perché la coerenza oggi, sarà possibilità di vita per tutti. Perché condividere quello che abbiamo è non il sovrappiù, curarci delle nostre ferite interiori, separarci da tutti quegli stili di vita che invece di includere escludono ed invece di far crescere recidono, non è semplice ma possibile, soprattutto quando nasce da una ricerca comune, dove ciascuno può suggerire qualcosa, dove ciascuno può condividere la sua visione del mondo e soprattutto la sua esperienza con Dio. Tutto questo anziché essere come chi è pronto a investigare male, a giudicare e condannare solo per il gusto di farlo, solo perché aumenta lo share del suo programma con ascolti che vanno dai 2.914.000 ai 3.197.000 di telespettatori, ai quali però si propinano falsità e bugie, quindi non avendo "né professionalità e né correttezza", ma rovinando rispettabili persone con calunnie e maldicenze della peggior specie e con una cattiveria che è peggiore di quella di Crudelia De Mon o Crudelia De Vil che dir si voglia e quindi: come si dirà a quei milioni di telespettatori che tutto ciò che è stato detto era falso e manipolato? Come il fatto che io ero stato trasferito o non mi era fatto trovare dalla loro troupe (cfr. Chi l'ha visto?), ecc... ecc..., né trasferito, né altro, ma in ospedale quando si era presentato il "giornalista-violinista" (Cfr. G. Carbone) e quindi tutte assurdità e falsità, come ad esempio lo pseudo giornalista-scrittore inglese Tobias Jones, amico degli amici, che nel suo libro si permette di citarmi senza conoscere e sapere quello che scrive e scrivendo delle sciocchezze copiate da altri e "mortificando anche lui l'uomo e la verità", ma leggendo al termine di questo suo "romanzo (Blood on the Altar) fatto anche di storie di fantasie" i ringraziamenti, si comprende bene come sia un tutt'uno con coloro i quali mistificano la realtà dei fatti ed è inutile scrivere quindi alla fine: *"Any errors, of fact or interpretation, are obviously entirely my responsibility"*, in quanto le responsabilità non sono solo le sue ma anche, e direi soprattutto, di chi gli ha fornito sbagliate e calunniose informazioni.

È troppo comodo gettare e continuare a gettare fango su persone innocenti manipolando e falsando la realtà, e come diceva un grande magistrato di nome Giovanni Falcone: *"...dal sole mi riparo, dall'acqua mi asciugo, ma col fango diventa tutto più difficile..."*, questo fango puro con i suoi schizzi ha prodotto grandi danni, da un punto di vista morale, di immagine, di salute ed economico soprattutto (chi mai mi ripagherà di tutto questo?), ma solo un effetto positivo comunque ha prodotto come vedremo al termine di questo mio libro.

Noi invece vogliamo far parte di quel popolo che cerca di fare davvero esperienza di Gesù, di quel Gesù che ispirava sogni di vita, che ispirava desideri di cambiamento nella verità e nell'amore, non con l'odio e la vendetta. Quel Gesù che riusciva a far sognare anche chi conosceva solo disprezzo, o chi comunque veniva giudicato peggio di altri ed emarginato, e quindi ci chiediamo perché? Perché non si impegnano ad essere fedeli a questo sogno bellissimo di una umanità composta da "ogni lingua, razza, popolo, nazione", perché ci viene chiesto di essere credenti che devono obbedire e difendere la verità e non ci dicono invece che la Verità è più grande di noi e per questo va ricercata costantemente, ovunque e con tutti? Anziché essere come chi con cattiveria e fare "demoniaco" accusa senza prove mistificando la realtà? Ma cosa ci si può aspettare da chi semina odio, zizzania e cattiveria "continuando a mistificare la realtà con voce demoniaca al suono di violini" (appunto soprannominato il giornalista-violinista, cfr. G. Carbone), fatta pertanto di stravolgimenti fin dall'inizio in questa farsa ben congegnata?

Tutto ciò è allora come certi giornali militanti che calpestano Costituzione e diritti, e quindi come si fa a convincere i cittadini che la Legge non è il sopruso che i forti impongono ai deboli? Bisogna porsi dalla parte di chi è "delatore"? Di chi spinge all'odio e alla violenza, dalla parte di chi semina zizzania e solo perché fa parte di quella cerchia di cosiddetti "moralisti" che vivono solo di un giustizialismo imperante? Come, ad esempio, quando hanno fatto sì che una cittadina ricusasse il mio avvocato – solo perché il mio avvocato - a favore dell'avvocato dei nostri strani personaggi, i quali sono sempre pronti a seminare cattiverie di ogni specie verso coloro i quali non sono dalla loro parte e, quindi, manipolare anche delle povere coscienze di chi soffre a loro favore, solo perché loro si considerano i migliori, la verità in terra, amici di una certa polizia e magistratura ai quali vanno a riferire di tutto di più "come dei bravi delatori" e non per spirito di servizio, giustizia o verità, ma come in quei regimi dove "il nemico" va annientato in tutti i modi, ed inoltre coperti da una certa politica estremista e da questi ultimi appunto coperti perché timorosi loro stessi poi di ritorsioni, da coloro che coprono, perché sempre questi personaggi agli onori delle cronache.

Per carità: ognuno deve fare il suo lavoro, ma quello di servizio al cittadino, che oggi aspetta di ottenere giustizia ma non quando sarà già morto. I cristiani, ad esempio, sono ultimamente più perseguitati in Nigeria, come in tanti altri paesi, ma lo sono anche in Italia, dove le bombe e gli agguati continui arrivano a mezzo stampa, mentre la nuova tortura è il carcere preventivo. La costituzione e i diritti umani valgono per gli altri paesi... le ghigliottine e le gogne passano ma i cristiani restano e saranno il futuro... "*Ma guai a voi che ora ridete, perché sarete afflitti e piangerete*" (cfr. Lc 9,20-25) profeti del nulla!

Allora è per questo che vorrei offrirvi queste riflessioni, vorrei che si ripensasse al proprio status: i sacerdoti facciano i sacerdoti secondo il Cuore di Gesù, chi è deputato ad investigare – forze dell'ordine e magistratura – lo faccia con cognizione di causa affinché le garanzie per il cittadino non siano scritte sull'acqua e non siano influenzate dai media, i giornalisti facciano i giornalisti e non siano invece mentitori, mascalzoni e mistificatori e portatori di odio e cattiverie di ogni genere, rovinando o cercando di rovinare le persone per chissà quale fine, speculando sulla morte e la sacralità della morte e impastando solo processi mediatici, e chi ha sofferto e soffre per una perdita cara pensi invece a pregare per l'anima benedetta di chi non c'è più, anziché cercare con odio la vendetta e non la giustizia e la verità – come è giusto che sia - e continuare a fare l'attore o l'attrice in tv e sui giornali e quindi anziché essere vittima divenire poi carnefice.

Ricordiamo: Dio perdona sempre!

Ed è bene ricordare che il debito contratto con lui è infinitamente più grande di quello che altri possono aver contratto con noi.

Queste sono solo alcune delle mie inquietudini, nate da quell'incontro di ottobre ma che già da mesi prima, se non da anni prima, si stavano ben preordinando con un piano bene architettato e chissà poi perché trovare un colpevole per tutte le stagioni dentro quella che invece è una complessa vicenda ultradecennale? Inquietudini che voglio qui condividere con chi è alla ricerca della verità pura ed autentica, con chi ci aiuta a crescere insieme giorno dopo giorno tra evoluzioni, rivoluzioni e rivelazioni, per rendere la storia più bella, solida e giusta e vivendo l'amore vero, puro e sincero che è l'amore di Dio, in Dio e con Dio, anche con la persona che non gradisco o neanche conosco, quell'amore che ha la faccia e gli occhi di Cristo e che mi permette di donargli lo sguardo di vero amore di cui ha bisogno; vivendo in questi anni con la tranquillità di chi non ha fatto nulla di male, di chi non c'entra nulla con queste vicende, di chi non è in alcun modo indagato.

La certezza di aver agito bene è testimoniata dalla mia lontananza dai fatti di cui si è parlato e si parla in questi anni e dal non essere mai stato soggetto indagato e chiedendomi infine: *Ma* ***PERCHÈ un Colpevole d'Innocenza?*** E come diceva, in vari sketch televisivi, un comico italiano famoso, noto come "l'uomo dei pecché": *"A domanda non è chi è, a domanda è: pecché? "...*

IL RUOLO DEI MEDIA E DI CERTE TRASMISSIONI TELEVISIVE

Una piccola digressione necessita ora per capire quale ruolo hanno avuto certi giornalisti ed una certa trasmissione televisiva (cfr. Chi l'ha visto?), sempre sodali tra di loro, e quindi quanto si andrà a leggere tra poco ci fa capire come siano un tutt'uno tra di loro ed oramai da tempo immemorabile, ed inoltre come determinati giornalisti siano abituati ad avere a loro carico procedimenti penali e non solo, non perché fanno bene il loro lavoro, ma sempre ed unicamente per quella smania di protagonismo senza costrutto diffamando a destra e manca, per poi continuare ad accusare ingiustamente con i loro articoli e trasmissioni, falsate fino "al midollo osseo" come si suol dire, persone innocenti nonché colleghi che nulla hanno a che spartire con le loro elucubrazioni mentali, però purtroppo facendola sempre franca e mai pagando per le loro colpe e soprattutto nel venir meno alla deontologia professionale di un giornalista.

Pertanto prendo qui in esame due riflessioni messe in rete e poi il lettore trarrà le sue considerazioni (se da ritenersi bufale o fake news messe ad hoc in rete oppure no) su queste altre versioni che, indubbiamente, vanno a cozzare con le varie versioni di familiari e sodali vari che hanno palesato però solo anni ed anni dopo e chissà perché, e si potrà capire anche l'inizio del loro teatrino mediatico come vedremo nelle pagine successive.

Secondo un "Investigatore" di Bologna: *"la storia di Elisa Claps va riscritta tutta dalla A alla Z. Tutto quanto si sa sulla sua fine non è la verità. Elisa non è stata uccisa nel sottotetto della chiesa la SS. Trinità, tanto meno il medesimo giorno che si vede con Danilo. Nel sottotetto,* ***non c'è neppure una goccia di sangue, eppure la Claps è stata uccisa con diverse coltellate****. Non c'è un capello di Elisa nel sottotetto della chiesa, eppure Elisa ritrovata dopo tanti anni nel sottotetto ha i capelli tagliati, poi è stato detto che quel sottotetto non è stato mai aperto, quindi ci doveva essere tanto sangue e pure i capelli"* ed inoltre c'è la testimonianza del geometra responsabile del cantiere dei lavori fatti nel 1996 il quale disse che non c'era nulla se non materiale di risulta nel posto dove sono stati ritrovati i resti del corpo della Claps. "*Quindi come può essere stata uccisa Elisa in quell'abitacolo?,* continua l'Investigatore, *purtroppo questa teoria portata avanti da determinate trasmissioni e giornalisti, come mai? E per anni e anni, hanno impedito di indagare a fondo sulla sua fine. Dopo tanti anni non sappiamo nulla di cosa sia successo a Elisa, quando è stata rapita, perché quella domenica del 12 settembre, quando Elisa accetta di incontrare malvolentieri Danilo con lui non ci sta nemmeno quei dieci minuti concordati con l'amica, quasi sicuramente Elisa esce prima dalla Chiesa, infatti l'amica non la vede uscire e anche lei non la vedrà più. Sappiamo però che Danilo esce dalla chiesa, fa le scale di corsa,* (le costruende scale mobili) *forse per raggiungere Elisa, però poi cade, si fa male, va all'ospedale e forse allora torna a casa. Nel frattempo i familiari di Elisa che quella domenica vanno in campagna la stanno aspettando e non vedranno più Elisa. Cosa è successo a Elisa, chi l'ha presa? Come si è persa? Non si avranno più notizie di Elisa, fino a quando una telefonata giunta ai carabinieri di Roma, va sottolineato questo particolare, e siamo nel febbraio del 1994, qualcuno al telefono con la voce irriconoscibile, non si sa chi abbia telefonato un uomo o una donna dice: Elisa è incatenata dentro una macchina, sta male, aiutatela, aiutatemi non* *posso parlare altrimenti mi uccide. Forse saranno loro a uccidere Elisa ormai allo stremo. Allora perché il corpo di Elisa viene trovato nel sottotetto della chiesa la SS. Trinità, qualcuno si chiede? Forse i carcerieri che sanno dove si trova sepolta Elisa, approfittando della morte del parroco, perché la Chiesa è momentaneamente abbandonata e ne approfittano per portare il corpo di Elisa nel sottotetto, in quanto già si pensava che Elisa fosse morta lì, per far ritrovare i resti alla famiglia che tanto si raccomandava per dare una degna sepoltura alla propria figlia. Questa è in linea di massima la vera sorte toccata alla povera Elisa Claps".*

Mentre nel blog di tale "Michael Mass" si legge: *"Chi l'ha Visto mentì su Elisa Claps o almeno così sembrerebbe da alcuni atti relativi all'inchiesta Toghe Lucane condotta in origine dal Pm De Magistris a Catanzaro poi avocata dalla procura di Salerno.*

In particolare di che atti parliamo? Della richiesta di archiviazione presentata dal Pm Gabriella Nuzzi di Salerno e del successivo accoglimento del Gip Maria Teresa Belmonte. Di questi atti sono venuto a conoscenza solo ora.

Ma cos'era Toghe Lucane? L'inchiesta nasce nel 2003 da una denuncia del Giornalista de "Il Resto" di Matera Nicola Picenna e nel 2005 del direttore generale dell'ASL 1 di Venosa (PZ) dr. Giuseppe Panio, riguardanti irregolarità in alcuni procedimenti penali presso la Procura di Potenza. In particolare i due dogliavano la mancata astensione della Dott.ssa Felicia Genovese dal procedimento cosiddetto Silletti in cui era coinvolto Michele Silletti, titolare del più importante centro fisioterapico di Potenza e concorrente l'altro centro Camillo Genovese di proprietà della suddetta Pm e del marito Michele Cannizzaro e tal proposito i denuncianti ritenevano che la sua posizione di amministratore di suddetto centro fosse in conflitto di interessi con la nomina dello stesso Cannizzaro a direttore generale dell'Ospedale San Carlo di Potenza, a scapito del Panio, da parte di una giunta peraltro indagata per questioni di bilancio dalla Procura di Potenza e in particolare la stessa Genovese che avrebbe archiviato alcune posizioni in cambio di suddetta nomina. Sempre nel 2005 il Procuratore Generale di Potenza dr. Tufano invia una segnalazione sulla Genovese alla procura di Catanzaro con annessa segnalazione della stessa Pm che accusava il Panio di calunnia. Nel 2007 alcuni magistrati Potentini riferiscono come persone informate dei fatti. Essi sono i Gip Pavese e Iannuzzi e i Pm Montemurro e Woodcock. L'inchiesta si allarga anche al caso dei brogli di Scanzano Jonico e alla gestione del Pentito Cuppiello in relazione ai casi degli omicidi Gianfredi/Santarsiero e Elisa Claps. Esplodono una serie di denunce da parte del PG Tufano, della Pm Genovese, del Capo della Squadra Mobile di Potenza Luisa Fasano, dell'avv. senatore Buccico in relazione ad alcuni articoli di stampa che preannunciavano perquisizioni ed altri provvedimenti attinenti gli stessi denuncianti. Essi sostenevano che vi fosse un complotto per delegittimare ed allontanare da Potenza Tufano e la Genovese e da Matera il PC Chieco nonché impedire al senatore Buccico di diventare sindaco di Matera, carica per cui era candidato. Il processo viene trasferito a Salerno e finiscono sotto inchiesta il PM De Magistris, i magistrati potentini che a lui riferirono, il comandante dei Carabinieri di Policoro Pasquale Zacheo (indagato in futuro dopo aver lasciato l'Arma) ed alcuni giornalisti fra i quali lo stesso Picenna, Gianloreto Carbone di Chi l'ha Visto, Papaleo Stefania e Fabio Amendolara allora de Il Quotidiano della Basilicata, Carlo Vulpio e Carlo Macrì del Corriere della Sera ed altri. In effetti un complotto o meglio una strategia mediatica almeno da parte del Zacheo e dei giornalisti forse esisteva ma non era reato e le intercettazioni della procura di Matera per il Gip di Salerno non erano utilizzabili in quanto la norma vieta l'uso delle stesse per accertare i reati contro la Pubblica Amministrazione di un magistrato (De Magistris ndr). Nel medesimo procedimento viene posta all'attenzione degli inquirenti anche la frequentazione amichevole fra Woodcock che all'epoca era alle prese con i noti casi Vallettopoli e Savoiagate e Federica Sciarelli conduttrice di Chi l'ha visto che si occupava del caso Claps.

Per quanto attiene al caso Claps nella richiesta di archiviazione del Pm di Salerno si riporta in sintesi quanto segue: Elisa Claps come noto scompare il 12 settembre 1993 ed è ancora ufficialmente una ragazza scomparsa nel 2008 quando si conclude l'inchiesta Toghe Lucane. All'epoca a Potenza vennero iscritte nel registro degli indagati quattro persone: Danilo Restivo, Eris Gega, Eliana de Cillis e Francesco Urciuoli per i reati in concorso fra di loro di omicidio volontario, violenza sessuale e occultamento di cadavere. I primi due vengono anche arrestati ma mentre a fine inchiesta il Gega e gli altri due vengono prosciolti, il Restivo viene rinviato a giudizio per false dichiarazioni al Pm, condannato a 8 mesi in primo grado, la condanna è quadruplicata in appello con sentenza passata in giudicato a 2 anni e 8 mesi per volere della Pm Genovese. Esce nel 1997 e vengono riaperte le indagini nei confronti di tutti e quattro per gli stessi reati. Nel frattempo la De Cillis è sotto processo per aver testimoniato il falso nel processo Restivo. Assolta in primo grado, condannata in appello e riassolta definitivamente per un criterio di non punibilità in Cassazione. Il procedimento viene archiviato nel 1999 ma subito riaperto a carico del solo Restivo per effetto di una denuncia di Gildo Claps che sosteneva e non a torto di aver ricevuto una mail inviata al sito dedicato alla scomparsa della sorella e proveniente da un internet point di Potenza denominato Tati Club. Nella mail si sosteneva che la ragazza fosse in vita e in Brasile. Si riteneva un depistaggio di Restivo e le indagini lo confermarono. Nel corso della stessa inchiesta la squadra mobile invia alla procura una informativa dove si sosteneva che Restivo dopo essere uscito dal carcere la famiglia lo fece trasferire a Torino, poi a Rimini, poi a Trapani, infine di nuovo a Potenza. Nel medesimo periodo il pentito Gennaro Cappiello – difeso, prima di pentirsi, dal noto professionista del foro che difese anche il Gega (cfr. S. Lapenna) – come vedremo più avanti - amico della barba finta (cfr, agente del Sisde) ecc… ecc… - *inizia ad accusare Michele Cannizzaro marito della Genovese di essere il mandante del duplice omicidio di stampo mafioso Gianfredi/Santarsiero avvenuto nel 1997 e di aver ricevuto una tangente di 100 milioni di vecchie lire da Maurizio Restivo genitore di Danilo per fare pressioni sulla Genovese affinché non accusasse il figlio di omicidio. Il procedimento viene quindi trasferito a Salerno che ha la competenza sui reati dei magistrati potentini che nel 2001 archivia per mancanza di prove sia contro Restivo che contro la Genovese. Il ragazzo quindi nel 2000 si trasferisce definitivamente a Bournemouth nel Dorset in Inghilterra dove a partire dal 2002 viene indagato per l'omicidio di una sarta sua vicina di casa. Nel 2004 quindi a Salerno viene riaperto il caso e archiviato come sopra nel 2006. La Genovese viene definitivamente prosciolta e Cappiello processato per calunnia. Il resto del caso è storia nota tranne per quello che riguarda la discussione. Quanti dubbi su Elisa Claps sul sito Popolodellarete.it.*

A questo punto possiamo parlare della trasmissione Chi l'ha Visto e riferire innanzitutto che pur parlando della suddetta mail già nel 1999 non informò il pubblico di succitata informativa almeno fino al 2008 quando un tizio comparso su suddetto sito alla fine del 2007 con lo pseudonimo Erice iniziò a riferire i contenuti dell'informativa. A questo punto la trasmissione inizia a ricalcare le rivelazioni di questo Erice e sostiene (ma solo nel 2010 quando ne rivela l'esistenza) che l'informativa risale al 1993. Riferisce da subito invece che la Dia di Torino abbia aperto un'inchiesta su Restivo e che abbia continuato a tagliare ciocche di capelli anche lì. Ma mentre è in onda la puntata in cui viene affermata la sussistenza di detta indagine, la Dr.ssa Fasano capo della squadra mobile di Potenza è al telefono con un collega, tale Angeloni. La chiamata è intercettata dalla Procura di Catanzaro. È il 15 maggio 2007, Gildo Claps in TV sostiene di aver saputo dell'indagine direttamente dalla Dia Torino.

La Fasano sostiene invece, nella telefonata, di aver telefonato alla Dia Torino dalla quale smentiscono di avere indagato e dicono di non averne nemmeno l'intenzione sostenendo di essere stati avvisati dal Questore di Potenza. La stessa si lamenta anche del fatto che in tv si dice che non si è mai più indagato sulla scomparsa di Elisa ma la verità è che gli inquirenti non ne hanno mai informato la famiglia. Vista la loro assidua presenza nei media temevano che potessero inquinare le prove rendendo pubbliche notizie coperte dal segreto investigativo. Nasce a questo punto una serie di interrogativi: Chi l'ha Visto ha mentito? E se si perché? Come mai fra tutte le aree in cui è stato Restivo dopo la detenzione si concentrano su Torino? La risposta almeno a quest'ultima domanda potrebbe risiedere proprio nella sussistenza di una strategia mediatica come detto in precedenza, ma non circoscritta solo a personaggi famosi ma allargata anche all'autore della discussione. Quanti dubbi su Elisa Claps. L'autore apre tale discussione il 19 aprile 2007 con il nick micky1975, senza nascondere la sua vera identità e ignaro di quanto accadesse a Potenza. Informò subito sia la redazione di detto programma tv che l'associazione Penelope Italia ed in particolare Elisa Pozza Tasca che ha questo punto sanno anche che lo stesso è di Torino. Il 14 ottobre 2007 per effetto di una denuncia di Fabio Amendolara, il forum viene monitorato dalla Polizia Postale, subito dopo compaiono persone che depistano e attaccano i Claps, si saprà in seguito che trattasi di vari nick di Restivo. A distanza di pochi giorni e dopo un appello tv di Filomena Iemma, madre di Elisa, in cui rivela che il ragazzo non era potentino ma originario di Erice (TP) compare per l'appunto l'omonimo ed anonimo rivelatore di informazioni fino all'epoca sconosciute al pubblico. Il 18 luglio 2009 rilascia anche un messaggio in cui predice l'arresto di Restivo che avviene 8 mesi dopo per effetto del rinvenimento del cadavere di Elisa. Che sapesse ed abbia predetto la messa in scena di tale rinvenimento? Sta di fatto che due settimane dopo la scoperta ed esattamente il 29 marzo 2010, Chi l'ha Visto insinua che micky 1975 sia un confidente di Restivo e sapesse dov'era il cadavere di Elisa. In verità nel messaggio estrapolato dal forum si commentava la notizia in base alla quale la Procura di Salerno aveva disposto nel 2008 le ricerche del cadavere con il georadar sia alle scale mobili di Potenza che alla SS. Trinità. All'epoca ebbero esito negativo ma il cadavere venne rinvenuto come noto proprio nella Chiesa nel 2010. Nel corso nel 2010 la trasmissione attribuisce in più occasioni anche il nick micky 1975 a Restivo pur sapendo dell'infondatezza di tale asserzione. In seguito mentre Chi l'ha Visto cala l'attenzione, Amendolara approdato alla Gazzetta del Mezzogiorno – solo per mere questioni economiche - *continua l'opera contro micky1975 che si difende come può, finanche a denunciarlo. Il giornalista infatti in un articolo del 19 gennaio 2010 insinua falsamente* – come suo solito fare - *che micky1975 ha difeso Restivo, in uno successivo del 7 giugno*

2011 arriva addirittura a dire che ha aperto il forum per aiutare Restivo a depistare. Ma perché tutto questo accade solo tre anni dopo Toghe Lucane quando ormai tutto è chiaro, compresa l'estraneità ai fatti di micky1975? E chi è Erice? Perché i giornalisti non si interessano di lui e non rivelano i nomi di tutti i partecipanti al forum pur avendone certa conoscenza? Ad ogni modo ora il caso Toghe Lucane a Salerno è stato riaperto proprio per un esposto del fondatore di detta discussione. Entro pochi mesi sapremo la verità? Speriamo di sì. In ogni caso quanto sopra rappresentato è solo una estrema sintesi dei fatti".

Tutto ciò ci fa capire ulteriormente come determinati personaggi noti – giornalisti, familiari ed altri - debbano continuare a portare avanti le loro teorie, perché sennò viene meno il castello su cui hanno costruito le loro spudorate menzogne e bugie varie nel tempo e continuate ad affermarle sino ai giorni nostri, continuando ad infangare persone innocenti, anche per mezzo di libercoli deliranti (cfr. F. Amendolara) e soprattutto aprendo pagine diffamanti su social network, e continuando a manipolare la verità.

Questo per farvi capire come taluni personaggi siano protetti ad alti livelli e chissà forse sono loro che fanno parte dei gruppi occulti di potere di cui parla sempre e fuori luogo il don Cozzi, anche perché pure lui sempre fattosi forte dell'essere nipote di "alto prelato" continua nel suo accusare a destra e manca senza costrutto e, perché, anche lui, come i suoi sodali, sempre impunito a differenza di altri ed anzi premiato.

LO TSUNAMI UNICAMENTE MEDIATICO E.... SENZA ALCUNA PROVA.... MA SOLO LE ELUCUBRAZIONI MENTALI DI.... CHISSÀ CHI... CON LETTERE ANONIME ED ALTRO ANCORA....

L'Italia, purtroppo e drammaticamente, è famosa per i suoi misteri. Spesso mai risolti, altre volte lasciati con più ombre che luci. Altre volte con "colpevoli di comodo". In più da quando i media hanno assunto un valore molto significativo nelle vicende giudiziarie molte accuse e molti processi sono stati "viziati" dall'opinione pubblica, non sempre in linea con lo Stato di diritto o la Legge, perché purtroppo chi controlla le informazioni controlla il futuro.

È innegabile che da vent'anni a questa parte in tutti i casi più eclatanti che hanno sconvolto l'Italia, la nostra stampa e Tv hanno avuto un ruolo spesso determinante.

Basti pensare alla storia di Tamara Baroni o alla sentenza sul caso Meredith Kercher trasmessa in diretta televisiva, oppure alla sentenza più mediatica che giudiziaria contro Ferraro e Scattone per l'omicidio della povera Marta Russo, per giungere fino ai nostri giorni con il "caso Claps".

Poi la Tv ha creato anche delle star, opinionisti e commentatori, per modo di dire, infatti non si sa più se siano vittime o carnefici.

Infine ci sono i mostri sbattuti in prima pagina, poi magari assolti e mai riabilitati; il caso più noto, ma purtroppo non è l'unico, è quello del povero Enzo Tortora. Esempio lampante di quando il giornalismo si trasforma in sciacallaggio.

Esistono – e questi pochi lo sanno – indagini fatte saltare o arresti "velocizzati" perché i media arrivano prima della Polizia. Per non parlare poi di una complicità tra certi magistrati o appartenenti alle forze dell'ordine in cerca di notorietà o avanzamento di carriera per meriti speciali e alcuni giornalisti in cerca di scoop, che spesso fanno "fuggire" troppe notizie dalle procure o questure, o peggio ancora pubblicano notizie che nulla hanno a che fare con il caso giudiziario, ma sono solo gossip e pettegolezzi, che però fanno vendere i giornali o fanno audience.

Le due puntate della solita trasmissione televisiva che ha fatto della "Tv del dolore" il suo cavallo di battaglia, nonché le copie di due giornali locali che sembrano scambiarsi gli articoli, ripresi anche da qualche pagina di cronaca di giornali nazionali e le pagine di alcuni libercoli sempre di loro sodali, hanno assunto, settimana dopo settimana, un tono da tribunale e soprattutto anti ecclesiastico sempre più marcato, forse anche perché alcuni hanno una formazione di estrema sinistra di per sé anticlericale ed avversa alla Chiesa. Ogniqualvolta, infatti, che si ha la possibilità di attaccare la Chiesa cattolica, ci si infila con testa e gambe. Nel caso della giovane sedicenne scomparsa nel settembre del 1993 ed i suoi resti ritrovati dopo anni sempre a Potenza, per esempio, al posto di analizzare come si doveva le responsabilità e le colpe di chi ha condotto le indagini con piste investigative sbagliate, i fendenti maggiori sono piovuti sul clero locale, (tranne la "Chiesa buona" ovviamente, il novello "don Sturzo" (cfr. don Cozzi) che però è di estrema sinistra dai tempi romani, ma comunque sempre come e quando gli fa comodo, cioè l'unico difensore dei poveri e dei deboli, basti pensare a certe dichiarazioni riguardo i servizi segreti – guarda caso il giorno dopo la visita del giornalista-scrittore (Cfr. Pierangelo Maurizio) al sottoscritto - a dimostrazione di quanto anche lui faccia parte di questo teatrino messo su per colpire me nonché suo confratello…. o altre recenti dichiarazioni fatte a sostegno di quelle assurde di un altro pseudo giornalista candidato alle elezioni amministrative e apparso sulla scena guarda caso dopo oltre dieci anni da determinati fatti accaduti e risuscitato dall'oblio in cui viveva il cui soprannome in città è "Pinocchio" (Cfr. G. Laguardia), e non si sa se per la sua somiglianza o perché bugiardo come il burattino di legno ecc… ecc… ed anche qui lasciamo al lettore le considerazioni del caso di come mai solo anni ed anni ed anni dopo si fanno certe affermazioni), come se il clero potentino e non solo, fosse una banda di malfattori e soprattutto sulla persona di chi nulla c'entra e mai ci è c'entrato con tutta questa e ad altre storie, e sfido chiunque a provare il contrario e mi chiedo ancora il perché si è voluto infangare il mio nome, da parte di chi del suo lavoro fa solo una tribuna per accusare a destra e manca senza lo straccio di una minima prova e *senza che si possa fare il contraddittorio*, in quanto essendo smentiti perderebbero di credibilità, in un lavoro che, se "forse meritevole" di attenzione e lode, purtroppo viene svolto male e senza la minima deontologia.

Inoltre il loro lavoro è svolto con quella superficialità di chi osserva e giudica con parametri precostituiti senza mai capire dal di dentro le persone che si vanno a giudicare anzi, scrivendo fandonie e facendo commenti per i quali farebbero meglio a stare zitti se non conoscono situazioni, come chi scrive senza conoscere le persone, come fanno certi giornalisti/e anche in tv, e si fa la figura dei soliti "ignoranti" che pur di manifestare le loro "stoltezze" scrivono di tutto e di più, a far intendere che non hanno altro da fare e da dire nella loro quotidianità e tutto ciò lo si può evincere non solo nel mio caso, ma leggendo i vari commenti, su altre situazioni ed in particolare quando si tratta di chiesa, di chi non ha la più pallida idea di ciò di cui si parla.

Ed allora ci si chiede come mai non riflettono o meditano quanti su internet, e quindi sui social network e non solo, hanno pensato di manifestare o scrivere sciocchezze e falsità e cattiverie d'ogni genere e sono pronti a crocifiggere chi invece nulla c'entra, solo perché una "giornalista" o uno "scribacchino che dir si voglia", sotto suggerimento di chissà chi, da quando hanno ripreso il loro ciclo e circo mediatico, hanno pensato che così si aumentava lo share e la vendita di quotidiani o libercoli vari?

Ed allora perché continuare nell'ostentare di sapere quando invece nulla sanno perché nulla c'è? Ma se sono solo "si dice", pettegolezzi o chiacchiere da bar, è meglio star zitti, perché così non si fa del giornalismo, ma del polverone senza costrutto.

Hanno prove? No… e quindi riteniamo, fino a prova contraria, che sia solo aria fritta e pertanto farebbero bene a chiedere scusa per il dolore che loro hanno provocato e provocano a coloro che ingiustamente accusano, seminando dubbi tra chi non conosce le situazioni ma si "beve" quanto propinato da giornali e tv, non usando il proprio cervello purtroppo ma…… portandolo all'ammasso…. e guardando poi con fare sospetto le persone quando le si incontrano per strada o commentando su cose che non si conoscono affatto, come neppure appunto le persone.

Inoltre bisognerebbe chiedere ai familiari di queste vittime ed ai loro sodali, che hanno un seguito rilevante nei social network, se non ritengono che debbano essere anche loro responsabili dei contenuti pubblicati, della loro attendibilità e fondatezza e, se non ritengono che bisogna essere responsabili delle azioni e dei comportamenti che derivano da quello che si dice e che si scrive? E come affermato da uno dei più illustri rappresentanti della nostra letteratura e saggistica, Umberto Eco: *"I social media danno diritto di parola a legioni di imbecilli che prima parlavano solo al bar dopo un bicchiere di vino, senza danneggiare la collettività. Venivano subito messi a tacere, mentre ora hanno lo stesso diritto di parola di un Premio Nobel. È l'invasione degli imbecilli".*

Pertanto facendo scrivere certe cose su persone che con le loro vicende non hanno mai avuto qualcosa a che vedere, indicando come "nemico" chi non la pensa come loro, non filtrando in alcun modo commenti di minacce e insulti sui blog e non solo e nemmeno dissociandosene formalmente e con forza, non ritengono di essere moralmente responsabili se anche uno su mille di queste persone attuino azioni violente dentro o fuori dal web, come è avvenuto ed avviene nei miei confronti da quando hanno incominciato il linciaggio mediatico accusandomi ingiustamente?

Ecco perché c'è necessità di rivedere tante cose in questo paese, ma senza paraocchi e con forza e senza alcuna pressione o preoccupazione di sorta, affinché la verità e la giustizia possano trionfare sempre, ma non quella che fanno e vogliono loro che è solo odio e vendetta o coperture di chissà chi o cosa.

Odio e vendetta che portano poi alle minacce velate o meno velate verso chi si trova inconsapevolmente ed in maniera innocente in queste situazioni, come gli sguardi e le parole di coloro che non ti conoscono con commenti pesanti a dir poco come si diceva poc'anzi, per non dire delle lettere anonime, inviatemi con escrementi all'interno e cosa ancora più strana una ricevuta nella mia chiesa (Santa Lucia) ed inviata con mittente "Elisa Claps" dopo una settimana dal secondo ciclone televisivo ed un'altra con lo stesso contenuto della prima – sempre della stessa mano ma questa volta senza mittente ma con lo stesso modello di francobollo della precedente risalente agli anni sessanta/settanta (residuo di chissà quale tabacchino????) – invece fatta trovare sotto la porta del mio ufficio in questura ma senza timbro postale il giorno di Santo Stefano..... e cosa molto strana appunto se si pensa che in quel periodo non è che si lavori in tanti e soprattutto dov'era ubicato l'Ufficio di Cappellano della questura....presso l'Ufficio del Personale della Questura di Potenza.... cioè in un edificio distaccato dalla Questura centrale, e c'è da dire che quando arrivava la posta: o me la si consegnava di persona o me la si faceva trovare sul tavolo dell'ufficio, aprendo lo stesso con la seconda chiave posta insieme alle altre copie delle chiavi degli altri uffici del personale, ma ora no ed anzi chi di competenza – il questore (cfr. R. Panico) un soggetto rivelatosi pessimo nel tempo - non si è preoccupato per niente ma dicendomi semplicemente con aria di sufficienza: *"...vai alla squadra mobile a fare la denuncia....",* nella tana del lupo? – *"lì dove si attende solo di avere le promozioni per meriti speciali o riconoscimenti vari?"* - come vedremo più innanzi. Mah? dove certamente non tutti sono come chi ha complottato contro me o ha avuto ordini (dall'ex Vicario della Questura) di non salutarmi neppure appena uscite queste "stranezze" mediatiche, portandomi agli onori della cronaca, ma solo di pedinarmi ed osservare chi incontrassi e cosa dicessi... cose da pazzi....

Molte cose suonano strane in chi mi ha voluto coinvolgere in queste situazioni, troppi strani intrecci che vedono coinvolti colleghi giornalisti, professionisti "amici" e non, uomini/donne delle forze dell'ordine, membri della chiesa, familiari delle vittime, ma soprattutto poco interessamento e menefreghismo da parte di chi mi doveva tutelare sapendo che nulla avevo ed ho fatto, le cosiddette assenze che pesano, e la domanda sorge spontanea:

che forse loro possano c'entrare qualcosa in tutte queste storie? E se sì perché l'hanno fatto e quali interessi avevano? Invidia, voglia di "eliminare" il Cappellano della Polizia dandolo in pasto come "agnello sacrificale" o come "capro espiatorio" che dir si voglia o cosa e perché? e se invece nulla c'entrano perché non hanno fatto niente per tutelare il loro Assistente Spirituale, confratello, amico e collega?

E questo è solo l'assaggio di quanto avverrà nei mesi seguenti, quando poi nella mia Rettoria qualcuno andrà ad orinare più volte vicino all'acquasantiera o dentro il lavandino dietro la parete mobile adibita a sgabuzzino, oppure a sputare dentro l'acquasantiera o prendersi la briga di stracciare quanto affisso in bacheca, tutto questo quale segno contro di me e solo verso di me? ... e ci auguriamo che non sia stato uno sfregio anche contro nostro Signore; tutto per cosa? per quell'odio aizzato seminando falsità e dubbi sia dai "giornalisti" che dai familiari stessi della giovane vittima per quanto scritto e detto, familiari per pochissimo tempo frequentatori della suddetta chiesa (che stessero preparando la strategia per poi avere di che accusarmi, dicendo che io avrei dovuto parlare con loro... ma non sappiamo poi di cosa? Mah, è un dubbio che mi sorge spontaneo...). Inoltre in una delle occasioni della loro presenza nella mia Chiesa hanno fatto celebrare una sola Santa Messa per la congiunta "*ma viva*" (perché il sacrificio eucaristico può essere celebrato sia per i vivi che per i defunti) e quindi non potevano dire che "sentivano che era morta" se la "credevano viva", il dire e non dire, l'affermare e poi cambiare versione negli anni a seconda delle situazioni, ma non è questo il punto, perché comunque il sacrificio eucaristico è la cosa più importante ed il Signore accoglie le preghiere per i vivi e per i defunti ed il resto non interessa, l'importante è pregare e credere, oltre a vivere bene "la primavera", la propria primavera, che come diceva un teologo moderno è connessa con il termine verità.

"*In latino primavera si dice ver, genitivo veris, ver/veris; è la medesima radice da cui viene l'aggettivo verus-vera-verum, da cui viene l'avverbio vere e il sostantivo veritas/veritatis. Questa stretta connessione primordiale tra verità e primavera fa comprendere che verità e ciò che fa fiorire la vita, ciò che consente alla vita di passare dal gelo dell'inverno al tepore primaverile da cui sorge la vita.*

Verità=vita, verità=logica della vita, verità=primavera. Per questa ragione, la "legge naturale" non è tale nel senso di quella che i greci chiamavano nomos (norma), piuttosto nel senso di logos (logica). Perché il nomos è una legge che ti imprigiona, che ti incatena alla legge naturale, il logos è una legge dinamica, che ti pone all'interno della processualità della vita e che ti trasforma, che fa scoppiare dentro di te la primavera, facendo cioè fiorire i legami, che sono la dimensione costitutiva dell'essere. Perché in definitiva - spiega il nostro teologo - *la vita non è solo bios, vita biologica; è soprattutto noùs, intelletto e spirito; e quindi libertà: infatti se è vero che siamo determinati dalla nostra biologia, non lo siamo a tal punto anche da esserne necessitati*".

Pertanto, la ricerca della verità deve essere sempre come quando ci si pone di fronte alla Scrittura, dai cui passi bisogna far fiorire questa logica/*logos* della vita che fiorisce e che vuole relazioni armoniose, che vuole l'amore ed il perdono e la misericordia e non l'odio e la vendetta, ma la giustizia e la verità.

ANGELI E DEMONI… ALL'OMBRA DEL CAMPANILE

Chi ha modo di girovagare nelle librerie, alle preponderanti opere di valore presenti, purtroppo, vede qualche "fatica" editoriale che si cimenta a (s)parlare della Chiesa e/o degli uomini di Chiesa.

Più si focalizza l'attenzione verso l'alto, dando sfogo alla fantasia, al pettegolezzo, all'approssimazione, all'attribuzione di validità a "documenti" o presunti tali, più si crede di versare nel sensazionale e di poter avere considerazione nel lettore che abbia sollecita la curiosità, così si crede di assurgersi a novella verità o contro-verità, sempre anche da parte di chi al di là dello scrivere prima si vede nelle tv di stato con quella "scuola giornalistica scandalistica" ottenendo 3.414.000 di telespettatori per uno share del 12.27% e sempre infangando o facendo infangare persone perbene o morti e senza dir nulla… anzi…. E poi chissà perché solo dopo certe date in determinati anni (2004 in poi) si è iniziato con una campagna mediatica e poi massiccia e distruttiva… e prima dove erano, e cosa facevano? Il regista ancora non era pronto come gli sceneggiatori di questo noir? Perché?

Ecco che allora si potrebbe definire tutta questa storia messa su dai media e non solo, riprendendo e cambiando il titolo di un grande film italiano vincitore dell'Oscar in: "La Grande Tristezza", purtroppo per loro.

Piuttosto noi ci chiediamo: chi non ha avuto modo di conoscere figure sacerdotali esemplari che hanno lasciato a ciascuno un segno nella propria vita?, per chi scrive è stato così. Certo, accanto a nobili figure, ci si può imbattere anche in qualche sacerdote o religioso non troppo proteso con il cammino di vita che ha scelto, coloro i quali, ad esempio, hanno "un ossario" nell'armadio e non semplici "scheletri", ed ecco il perché, tra le altre cose, che non si è visto più nominare "vescovo" un sacerdote della diocesi di Potenza dal lontano 1700.

La "scuola" scandalistica e di vendetta, cerca di cavalcare qualche storia triste per la Chiesa ed i suoi uomini, per presentare narrazioni non suffragate o per riferirsi a situazioni o realtà dubbie, pur di fare audience e magari conquistare anche notorietà, come vedremo nel nostro libro, memore del detto: *"che se ne parli bene o che se ne parli male l'importante è che se ne parli"*. È una forma di pubblicità che il personaggio od i personaggi di turno – evidentemente senza alcuna minima deontologia – ricerca(no), guarda caso quando l'attenzione cala e subito, a tavolino, preparano qualcosa su cui discutere e far discutere e far sì che si riprendano certi discorsi anche se nulla c'entrano con determinati casi o situazioni, ma pur di "blaterare", sono pronti a dire e scrivere le cose più assurde di questo mondo, che solo uno stupido, ormai, non capirebbe che hanno un fine ben preciso.

La tendenza di taluni, quindi, più che affascinati dalla inclinazione salvifica della Chiesa è al "potere" per ottenere qualche vantaggio o privilegio, è quindi quella di aleggiare all'ombra del "Campanile" sperando di avere; l'essere interessa poco anche perché – sovente – è scarsamente sfruttato.

Proprio perché carenti nell'essere, vanno alla ricerca di persone valide culturalmente e socialmente, persone buone e generose, per sfruttare la loro immagine e "utilizzarli" per le proprie finalità negative, sempre come vedremo innanzi.

L'opera è quella di offuscare il positivo, di rendere invisa la bontà altrui, di mettere ostacoli sperando che qualcuno inciampi, per presentarsi e proporsi come i "salvatori della Patria".

Nella storia della Chiesa vi sono state luci ed ombre, la debolezza umana è connaturata nell'uomo anche se sacerdote o religioso, anche perché – come si dice – *"il diavolo ci mette la coda"* ma, i laici, che dovrebbero essere di ausilio, sostegno e contribuire alla santificazione della vocazione, talvolta invece sono solo animati da scopi maldestri e quando non ottengono ciò che vogliono fanno di tutto per tentare, screditare e vendicarsi con azioni di basso profilo.

In una delle prime predicazioni dell'Apostolo Pietro dopo la Pasqua del Signore, notiamo che in essa c'è una strana tensione, tra la franchezza e, quasi, la veemenza dell'accusa che Pietro fa ai giudei, e poi quasi una giustificazione con cui egli stesso dà al loro operato: "*voi avete agito per ignoranza*" (At 3, 11-26).

Ci facciano pensare, queste parole, che il Crocifisso è segno di che cosa l'uomo è capace di fare dell'altro uomo, di quanta violenza, anche inconsapevole, siamo capaci gli uni nei riguardi degli altri. Il crocifisso ci insegna chi siamo, che cosa si nasconde dentro un essere umano. La franchezza di Pietro è capace di smascherare anche noi, nelle possibilità del male da cui anche noi siamo abitati.

E anche del male inconsapevole che spesso compiamo, pensando di essere dalla parte del giusto, ciechi sui nostri limiti o i nostri errori, ma con la presunzione di saper individuare il male presente negli altri.

Quanto male fatto per la nostra ignoranza, per la nostra cecità e, non si può certo pretendere di più da chi sa dare solo meno; insomma per dirla alla Totò: "*Signori si nasce, non si diventa*", e la signorilità dell'animo quella di cui parliamo che, se la possiedi sei faro tra la folla, se non la possiedi sei il tarlo che si rosica e che vuol rosicare.

Non ci meraviglia, dunque, che nella Chiesa (intesa a tutto tondo, gerarchia, chierici, fedeli laici, tutto il popolo di Dio) ci siano dei Santi e per fortuna ce ne sono stati tanti e tanti ancora e, confidiamo nella Provvidenza, che ve ne saranno altrettanti.

Tornando pertanto al nostro "filo di Arianna", nonostante tutto la Chiesa è ancora qui e, questo dovrebbe farci capire qualcosa.

CONDIVISIONE E SERVIZIO

In un bellissimo libro dal titolo "A piedi nudi" ci sono delle pagine che fanno capire quale sia la differenza nel vivere la sacralità della morte da parte di chi perde un figlio, ed anche in questo caso di una figlia, anche se con modalità diverse da quelle della giovane di cui si parla nel nostro libro e per il quale io ingiustamente ed ignominiosamente sono stato accusato dai media e dalla stessa famiglia di essere "l'anima nera", un "miserabile" e non solo.... ma pur sempre di una morte si parla in questo libro che ci può aiutare a far riflettere, ma soprattutto *deve aiutare a far riflettere chi rimane e non continuare ad offendere gratuitamente tutto e tutti con la scusante di essere una madre che ha sofferto e soffre* ed in *particolar modo offendere anche i Pastori della Chiesa* (cfr. S.E. Mons. Appignanesi e S.E. Mons. Superbo) *che senza sapere nulla si sono ritrovati questa tegola in testa* e che hanno cercato con amore di portare speranza alla sofferenza e che invece sono sempre stati attaccati in maniera infame e poi senza alcun ritegno sempre con quel fare del dire e non dire che abbiamo visto e rivedremo nel corso delle pagine seguenti, e potremmo azzardare di dire anche "traditi" da quella che è la cosiddetta "Chiesa buona" che in fondo ha remato contro e chissà perché?

Ebbene nel libro preso un attimo in esame – *A piedi nudi* - ci si fa capire come "c'è un solo sentimento che resiste eterno al lento farsi e disfarsi del tempo: è il dolore della madre per la morte di un figlio. Questo dolore si fa domanda senza risposta, si piega su se stesso nella ricerca di un perché", quella ricerca che è alla base del mio libro, Perché?, *"grida, chiede conto, partecipa e com-patisce; a volte si chiude nel rumore del silenzio senza parole, altre volte grida ed interpella cuori che non sentono più. Si ribella, perché è la sola ribellione che ancora abbia un senso, soprattutto quando ad essere violata è la verità. Nel dolore si riesce a fare a meno di tutto tranne che della verità"*. Ma una verità che va ricercata nel giusto senso e nella giusta direzione, una verità che non deve essere odio e vendetta, ma forza per andare avanti con amore ed amore di Madre, come la Vergine Maria che ha amato il suo Figlio e quelli a Lei affidati.

Ed infatti questa madre nel suo libro scrive appunto: "*la morte di mia figlia mi ha cambiata profondamente. Oggi sono capace di affrontare qualsiasi problema con una forza che prima non avevo. Oggi ho interiorizzato pienamente il senso della caducità della vita e guardo ad ogni cosa con occhi diversi.*

Oggi il mio cuore sa condividere il dolore e la sofferenza altrui e sa amare incondizionatamente.

I primi anni sono stati terribili, perché il dolore per la perdita di Francesca è stato reso ancora più acuto dai sensi di colpa, alimentati dal comportamento delle persone a cui avevamo affidato la sua vita. Ho cercato la verità, per amore della verità. Ho accettato la volontà di Dio su di noi, ma non quella degli uomini.

La verità non l'ho trovata. Anche se l'avessi trovata non mi avrebbe ridato mia figlia, ma forse mi avrebbe riconciliato con l'umanità, con la quale a volte sono ancora in conflitto. Ho smesso di cercare la verità, quando ho capito che nessuno me l'avrebbe data, ma non ho smesso di denunciare la mia vicenda e di lottare perché esperienze come la mia possano essere evitate".

Rosa è la madre di Francesca una bambina di 7 anni affetta da leucemia e morta nel marzo del 1998 dopo essere stata sottoposta, a Roma, ad un trapianto di midollo osseo.

Questa madre, seppur nel dolore della perdita e nel rimpianto dei giorni che non verranno e di non avere con la propria figlioletta altri giorni felici, ma avere avuto solo 7 anni, ed anche con dolore e sofferenza ha comunque nella sua terribile esperienza cercato di dare un significato agli accadimenti, cercando poi di nutrire maggiore fiducia nell'uomo ed essere capace sempre di cogliere quel seme di bontà che, come diceva la Santa Madre Teresa di Calcutta, è presente in ciascuno di noi e pregando di non perdere mai la forza di lottare perché questo mondo sia sempre più realizzabile, aspettando il giorno in cui si rivedranno dove sarà gioia immensa e senza fine e, tutto questo, fatto sì nella sofferenza della ricerca di un perché, ma con tanto amore, bontà e solidarietà a differenza invece di chi – anch'essa una madre (cfr. Filomena Iemma) ma diversa da Rosa - si comporta in maniera completamente opposta *accusando a tutto tondo senza vagliare chi sia "colpevole e chi no" e senza alcun elemento, con odio e violenza e pura cattiveria, pur nella comune sofferenza di aver perso una figlia.*

Ecco perché c'è bisogno di far memoria di quella Chiesa nascente che è simbolo di amore, fraternità, condivisione e servizio. Lo spezzare il Pane ed il bere all'unico Calice deve proseguire nella vita di ogni giorno, di tutti i giorni. Solo questa testimonianza, come quella di Rosa e della sua bambina, pone in verità la preghiera testamentaria di Gesù: "*Che siano una cosa sola perché il mondo creda*" e rende credibile il dirci seguaci di Gesù Cristo.

L'Amore è vero se diventa servizio, solidarietà, caricarsi l'uno dei pesi dell'altro, soffrire con chi soffre e gioire con chi gioisce: concretezza e non teoria.

Oggi nella comunità cristiana c'è tanta ostentazione e ancor più teoria; è venuta a mancare la comprensione del centro portante e al tempo stesso di tutta l'ampiezza dell'esistenza cristiana.

Seguire Cristo, dirsi credenti o coinvolge a tutto tondo oppure non è sequela, ma pia illusione che soddisfa l'esigenza connaturata di religiosità senza aggancio né a Cristo, né alla Comunità.

Domina un cristianesimo che, a livello di popolo, non ha capito minimamente cosa vuol dire seguire Gesù Cristo, quali sono le pregiudiziali che Lui ci ha dato per la sequela: uscire dall'autosufficienza e dalla autogestione della vita, dall'egoismo del possesso, per entrare in comunione con l'urlo di dolore che sale dal mondo e quel dolore alleviarlo con l'amore.

E chi meglio di Maria, Madre di Gesù e Madre nostra può farci capire il significato dell'amore e della sofferenza di una madre, Lei che, per la sua intima partecipazione alla storia della salvezza, interviene efficacemente per salvare tutti coloro che la invocano con animo retto?

"*Con la sua materna carità si prende cura dei fratelli del Figlio suo ancora pellegrinanti e posti in mezzo a pericoli e affanni, fino a che non siano condotti nella patria beata*" (LG 62).

Ma il ritmo frenetico del vivere, le molte preoccupazioni, le delusioni e gli insuccessi, i diversi modi di pensare e di agire intorno a noi ci fanno avvertire spesso un profondo senso di disorientamento e di dispersione, ci fanno sentire disuniti nel nostro intimo, creano in noi una sensazione di insicurezza, talvolta di inutilità, di scoraggiamento e di paura.

È facile in questi momenti smarrire il senso di quanto viviamo e facciamo, può subentrare un vivere rassegnato o superficiale, un vivere alla giornata.

Ma è giusto rinunciare a trovare un senso più grande alla nostra vita e a ogni istante della nostra esistenza? Siamo in balia di avvenimenti e situazioni, oppure possiamo riscoprire nuovi modi di speranza e nuove energie di vita per essere protagonisti della nostra storia?

Con Maria di Nazareth ciascuno di noi può avere, nella fede, la certezza di essere dentro un disegno di salvezza e di realizzazione piena, fondato sulla fedeltà e sull'amore di Dio.

Per questo è importante lasciare illuminare la nostra vita e le situazioni che viviamo dalla parola di Dio. Fin dal primo momento Maria si affiderà a questo piano di Dio, rendendosi totalmente disponibile e trovando in esso la luce e la forza in ogni situazione della sua vita. Essere cristiani, pertanto, significa come Maria, accettare questo piano di Dio, con al centro Cristo; significa collocare e recuperare ogni nostro progetto, ogni situazione e frammento della nostra esistenza - anche i più oscuri e faticosi – all'interno di un disegno ispirato e sostenuto dall'amore fedele di un Dio che è Padre.

È stupendo poter pensare, sapere con certezza e dire che non si è nati per caso, quasi fossimo il risultato di una serie di combinazioni; che il nostro nome è pronunciato dall'eternità; che Dio ci conosce e ci ama da sempre; che la nostra vita è affidata sì alla nostra responsabilità, ma non è solo nelle nostre mani: è anche sempre nelle mani di un Padre. Perciò i cristiani invocano Maria Santissima come "vita, dolcezza e speranza nostra", avvocata, ausiliatrice, soccorritrice, mediatrice. Essendo Madre spirituale di tutti coloro che Dio chiama alla salvezza, Ella desidera tutti salvi e aiuta chi la invoca con fiducia e costanza. Come Madre di misericordia e rifugio dei peccatori, salva anche costoro, purché vogliano convertirsi. Bisogna invocare Maria, amarla. Attaccarsi al suo manto materno, prendere quella mano che ci porge e non lasciarla mai più.

Raccomandiamoci ogni giorno a Maria, nostra madre; rallegriamoci, lavoriamo con Maria, soffriamo con Maria.

Desideriamo di vivere e di morire tra le braccia di Gesù e di Maria.

L'INIZIO

Nella vicenda triste della morte di una giovane ragazza dove, per prima cosa, è venuto meno il rispetto della sacralità della vita da parte di chi barbaramente l'ha assassinata, poi è venuto meno il rispetto della sacralità della morte da parte di chi ha spettacolarizzato e spettacolarizza questa vicenda, di chi non ha avuto rispetto di questa vicenda e della stessa ragazza facendo sì che solo dopo 17 anni venissero trovati i resti del suo povero corpo martoriato e da parte di chi, come sciacalli in cerca della loro preda, hanno violato le più elementari norme di deontologia professionale non andando alla ricerca di quella verità che deve essere ritrovata nel nome di tutte le vittime di questa vicenda, non andando alla ricerca di una giustizia autenticamente umana, ma alla ricerca di una vendetta, verso chi poi? questo solo Iddio lo sa e la magistratura quando avrà fatto il suo lento corso, ecco che si tira in ballo un giovane sacerdote che nel silenzio, e non certo nella notorietà, svolge quotidianamente la sua missione a servizio di quella parte di popolo di Dio a lui affidato.

Ed ecco che tra "il lusco ed il brusco" come si suole dire, mi sono ritrovato nel "tritacarne" di quelle ingiustizie mediatiche che ti distruggono la persona. Una persona che vanta onorabilità e un rispetto dimostrato negli anni da me e dalla mia famiglia (cosa che si può evincere ad esempio anche dalla presentazione alla mia ordinazione sacerdotale) che in "pochi minuti" di un servizio televisivo ed in alcuni giorni di vendita di giornali si è riusciti ad infangare, proprio perché essendo le garanzie per qualsiasi persona scritte sull'acqua ha prodotto l'introduzione di fatto del principio che i processi si fanno sui giornali ed in tv. Ha prodotto quindi l'introduzione del fatto del principio di *presunzione di colpevolezza*. Conseguenze immediate di tutto ciò sono il biasimo e la gogna anticipati, in quella che diverrà, per imputati o non, una giustizia sommaria o cosiddetta "giustizialista", e la violazione sistematica dell'art. 15 della Costituzione Italiana a tutela della libertà e della segretezza delle comunicazioni: la pubblicazione delle intercettazioni giudiziarie e non, anche di persone non coinvolte nelle inchieste, sui mezzi di comunicazione di massa e non solo.

Ed allora diamo qui inizio alla storia di quello che potremmo definire per certi versi simile ad un Thriller o ad un Noir come "Nemico Pubblico" e "Colpevole d'Innocenza".

Colpevole d'innocenza: un film che ribalta tuttavia i principi del noir classico, collocandosi dal punto di vista della vittima dell'intrigo e non da quello dell'intrigante che, a sua volta, trasforma l'omicidio in una messa in scena senza spargimento di sangue (per così dire).

Nemico Pubblico: un film che è in realtà terribilmente serio nello sviscerare, in modo assai spettacolare (ma sempre verosimile), i pericoli della violazione della privacy di qualunque cittadino.

Immaginiamoci quindi la preparazione di una rappresentazione teatrale: alla base c'è l'autore che ha inventato il soggetto, un testo concreto da cui partire: è la fonte di tutto. Poi c'è l'attore o gli attori che ricevono quel soggetto, lo leggono, studiano il copione, imparano il personaggio e la parte loro assegnata; ed infine c'è il regista, che avendo ben in mente tutto l'insieme delle scene, guida passo passo gli attori nell'interpretazione. E un bel giorno viene il momento fatidico della prima, e questa volta c'è anche il pubblico: dopo aver attinto alla fonte, memorizzato il copione, provato e riprovato con fatica le scene, dopo aver seguito il regista, improvvisamente non c'è più il copione in mano, non c'è più la voce fisica del regista, resta solo l'azione. Ora tocca all'attore, tocca agli attori, ci sono loro e il pubblico. Il personaggio prende vita, rivive insieme alla storia attraverso il gioco dei ruoli. Dov'è il regista? È fuori della scena, nascosto, non è più lì fisicamente con gli attori sul palco...... però misteriosamente, ma realmente, è presente e continua ad ispirare la scena e l'interpretazione e perché e chi è?

E così come mi scriveva un caro amico in segno di solidarietà diamo inizio a questa storia per certi versi tragi-comica di questo assurdo intrigo (tragica perché è difficile difendersi dal nulla, come sosteneva e mi confidava un Alto Magistrato mio amico, proprio perché non c'è niente di niente, da una semplice accusa ad un avviso di garanzia ad una iscrizione sul registro degli indagati, nulla di nulla ma solo vacue chiacchiere senza costrutto; comica perché è ridicolo tutto quello che si è fatto e si sta facendo, e che non ha senso colpire un inerme cittadino estraneo da tutto quanto a me ascritto da fantasiosi sceneggiatori e registi di un complotto così ordito, *Perché?*) e quindi come mi scriveva questo caro amico allo scatenarsi di questo ciclone devastatore:

"Questa è l'estraniante realtà che a volte ci viene inflitta come pena per essere quel che siamo. Persone oneste e disponibili con tutti, che mantengono un rigore morale pure nell'evidente gioia di comunicare e prendersi cura di quanti ne hanno bisogno. Quella gioia di fare, di entusiasmarsi, di essere tra gli uomini e onorare la vita umana secondo la volontà divina, è una particolarità che ti contraddistingue e ti rende sacerdote di vita oltre che di fede. Chi ti conosce lo sa bene".

Parole vere e toccanti di chi mi conosce e sa che qualunque cosa è stata fatta nel corso della mia vita, è stata fatta sempre per il bene degli uomini e per la gloria di Dio e mai per un interesse personale od un'ascesa a chissà quali mete, e se mai ci fossero state queste velleità o comunque le amicizie che si ritenevano così potenti come mai ancora non si è assunti ad onori più grandi, ed anzi sono andato in esilio? Perché? Perché c'è stato un Padre, oltre quello naturale, un Padre molto spirituale nella persona dell'Arcivescovo di venerata memoria Mons. Giuseppe Vairo, che tanto mi ha insegnato e mi ha guidato nel cammino della vita seminariale ed inizio sacerdotale, come Cristo ha guidato i suoi discepoli all'inizio della Sua missione apostolica e, quindi, mi ha insegnato a vivere nel servizio e nell'obbedienza a cui il Buon Dio mi ha chiamato.

L'ARCIVESCOVO

E prima di giungere a questi ultimi dieci anni bisogna, per rispetto alla memoria di questo grande Arcivescovo, ripercorrere alcune tappe fondamentali.

Parlare qui di Mons. Giuseppe Vairo, significa scrivere e dare testimonianza di chi mi è stato Padre, Maestro e Vescovo nei primi anni di fascino, di attrattiva e di verifica vocazionale sacerdotale e, poi, sempre più testimone, perciò ancora più Maestro con un servizio svolto in aiuto alla Sua Segreteria Personale e come suo Cerimoniere Arcivescovile. In sostanza il punto fondante e fondamentale è quello di un accompagnamento tendente a rinnovarsi nella fede alla luce dell'evento ecclesiale del secolo e la cui onestà esistenziale, umana, culturale, teologica e pastorale mi guida tutt'ora.

Mons. Vairo è stato ed è testimone del dialogo incessante e continuo con tutti. Non un dialogo sorgivo della sua persona, caratteristica molto frequente nei logorroici moderni, che siamo noi, preti, vescovi e laici (vedi anche alcuni giornalisti....) ma, come ebbe ad annunciare lui stesso nella sua omelia di commiato a Potenza nella Basilica Cattedrale l'11 marzo 1993 (sei mesi prima del tragico evento della scomparsa della giovane Claps), un dialogo sorgivo da: *"Gesù Cristo, Redentore dell'uomo e la Chiesa, sacramento della Sua presenza nel mondo, segno e strumento dell'unità salvifica della famiglia umana", che "sono stati i punti costanti di riferimento del mio dialogo pastorale, che si è svolto in varie Chiese particolari per oltre un trentennio, e che si conclude qui, in questa basilica metropolitana, simbolo espressivo dell'unità ecclesiale della Basilicata. Fin dall'inizio ho interpretato il mio compito episcopale come un dialogo pastorale. Il 7 marzo 1962, nella mia prima lettera alla diocesi di Gravina e Irsina così scrivevo: "Questa prima lettera pastorale che vuol dare l'impostazione del nostro comune lavoro, è l'inizio del nostro diuturno e, con la grazia di Dio, fecondo dialogo. Il quale inteso a comunicare la Parola della salvezza, della vita, della grazia, meglio di altri aspetti – io penso – caratterizza tutto il concreto rapporto tra Pastore e Gregge, inquadrandosi nel sovrano dialogo tra Dio e l'uomo".*
Un dialogo scandito in quattro tempi:

- *Il tempo del Concilio;*
- *Il tempo del Dopoconcilio;*
- *Il tempo dell'emergenza dopo il terremoto;*
- *Il tempo del Sinodo diocesano."*

Ritengo, pertanto, che bastino queste poche espressioni per dire che il Mio Arcivescovo, Mons. Giuseppe Vairo, rimane una figura di pastore e maestro meridionale unica, originale ed eccezionale, non facilmente superabile, e quindi dopo aver avuto queste basi si può ritenere che io sia un "mostro"? Perché?

Perché così dipinto da chi – come il giornalista-violinista, nipote anche di suora e non una qualsiasi suora, ma della suora che curava la casa e la "segreteria" del successore di Mons. Giuseppe Vairo, come raccontatomi da persone degne di fede -, abbiano potuto dire tante falsità senza bene documentarsi di chi fossi e mistificando il tutto in una farsa ben congegnata?

Ecco che allora bisogna che si viva così come San Paolo scriveva sempre al popolo di Corinto: *"Caritas Christi urget nos"* (2Cor 5,14): è l'amore di Cristo che colma i nostri cuori e ci spinge ad evangelizzare. Questo vale sia per i ministri del culto come per i fedeli laici.

Egli, oggi, come allora, ci invia per le strade del mondo per proclamare il suo Vangelo a tutti i popoli della terra. Con il suo amore, Gesù Cristo attira a sé gli uomini di ogni generazione: in ogni tempo Egli convoca la sua Chiesa affidandole l'annuncio del Vangelo, con un mandato che è sempre nuovo. Per questo anche oggi come ieri è necessario un più convinto impegno ecclesiale a favore di una nuova evangelizzazione per riscoprire la gioia nel credere e ritrovare l'entusiasmo nel comunicare la fede. Nella quotidiana riscoperta del suo amore attinge forza e vigore l'impegno missionario dei credenti che non può mai venire meno. La fede, infatti, cresce quando è vissuta come esperienza di un amore ricevuto e quando viene comunicata come esperienza di grazia e di gioia. Essa rende fecondi, perché allarga il cuore nella speranza e consente di offrire una testimonianza capace di generare: apre, infatti, il cuore e la mente di quanti ascoltano ad accogliere l'invito del Signore di aderire alla sua Parola per diventare suoi discepoli. I credenti, attesta Sant'Agostino, "si fortificano credendo".

Solo crescendo, quindi, la fede cresce e si rafforza; non c'è altra possibilità per possedere certezza sulla propria vita se non abbandonarsi, in un crescendo continuo, nelle mani di un amore che si sperimenta sempre più grande, perché ha la sua origine in Dio.

Questo è quanto mi ha insegnato Mons. Giuseppe Vairo, questo è quanto cerco di fare nella quotidianità, questo è quanto suggerisco a chi si dice della "Chiesa buona" e si proclama vittima di un sistema di "potere" da dover scardinare in nome di una giustizia e di una verità che invece hanno il sapore dell'odio e della vendetta e che nulla ha imparato da questo grande Pastore che lo ha pure ordinato.

La fede, pertanto, è questione di vita, capace di vincere tutto, persino la morte, come appunto è già avvenuto in Cristo risorto: *"Questa è la vittoria che ha sconfitto il mondo: la nostra fede. E chi è che vince il mondo se non chi crede che Gesù è il Figlio di Dio?"* (1Gv.5,4). A noi che pensiamo che la religione cristiana sia annunziare solo qualche verità morale, il Vangelo ci rivela che il regno di Dio si costruisce togliendo il demonio dal cuore e dal corpo degli uomini, soprattutto dalla mente, dall'intelligenza, dai pensieri, dalla volontà; esso è potenza contro lo spirito del male. Un cristianesimo di sole parole, è purissima vanità, inutilità. Ecco perché Gesù manda i suoi discepoli in tutto il mondo a proclamare il Vangelo ad ogni creatura. Il Vangelo deve essere dato a tutti, sempre, in ogni luogo, in ogni tempo. Deve però essere dato nella forma del Vangelo e cioè con i poteri di Cristo Gesù che sono di scacciare i demoni dalla vita dei loro fratelli e di liberare il loro corpo da ogni infermità e malattia. Cioè il Vangelo è potenza di parola e di opera, di segni e di prodigi. È dono dello Spirito Santo, nel quale è ogni nostra forza, intelligenza, sapienza, ma anche capacità di conversione e di santificazione. Per questo è necessario che prima il demonio venga cacciato dalla nostra vita e lo si può cacciare in un solo modo: abolendo vizio, peccato, disobbedienza, imperfezione, ogni altra schiavitù spirituale e morale, compresa quella del voler apparire a tutti i costi ritenendosi gli unici depositari della verità, e vedendo il male dappertutto e sbandierandolo in conferenze, libercoli, articoli di giornali, Tv o quant'altro gli permetta di avere una sempre più vasta platea mediatica e sempre a tappe ben precise.

Il mondo si libera da liberati e si santifica da santificati.

Il SACERDOTE DELLA... "CHIESA CATTIVA"

Ed eccoci giunti alla figura di questo sacerdote che secondo i "complottisti" è una persona nefanda, un miserabile, l'anima nera.... ed altro ancora!

Prima di giungere però a questi ultimi dieci anni, perché sono gli anni in cui sono rientrato a Potenza dopo aver svolto per 13 anni la mia attività pastorale in campagna e quindi non in città come taluni hanno voluto far credere insistendo sapendo di mentire, mi piace usare le parole dell'allora Rettore del Seminario di Potenza – oggi Vicario Generale - da cui sono usciti tanti sacerdoti come quello della "Chiesa cattiva e anche quello della Chiesa Buona".

Potenza, Basilica Cattedrale di San Gerardo Vescovo,
6 maggio 1989
Vescovo ordinante S.E. Mons. Giuseppe Vairo

"Eccellenza Reverendissima,

è la terza volta da quando sono rettore nel nostro seminario, che la Chiesa di Potenza nella persona del Vescovo mi chiede di testimoniare sulla dignità di un giovane che sta per diventare sacerdote, ed è per la terza volta che il Signore mi fa il dono straordinario di vedere coronato un lungo cammino educativo con questa esaltante e tante volte sognata liturgia dell'ordinazione sacerdotale.

La Chiesa mi chiede la testimonianza, non quella superficiale di chi osserva e giudica con parametri precostituiti senza mai capire dal di dentro il cammino di un giovane di oggi verso il sacerdozio, non una testimonianza qualsiasi dunque, ma quella di chi, vuoi per grazia di stato, vuoi per conoscenza fondata su un rapporto educativo, a volte sofferto, a volte pensoso, il più delle volte cordiale e fraterno, riesce a fare sintesi in maniera direi quasi esclusiva di tutto ciò che è stato lo snodarsi quotidiano dell'umano attorno al seme vocazionale posto dal Signore nel cuore adolescenziale di Pierluigi. Una testimonianza che con serenità mi fa vedere la specificità, la peculiarità con cui questo seme è sbocciato, cresciuto e oggi si presenta maturo dinnanzi alla Chiesa di Potenza, Muro, Marsico per farsi frutto abbondante di grazia per tutti.

Anche il cammino educativo di Pierluigi viene da lontano, ha trovato il giusto punto di partenza nella propria famiglia, nella comunità cristiana di San Gerardo dove sin da bambino il servizio all'altare, la vita associativa dell'Azione Cattolica, sono stati la preparazione naturale, perché il suo cuore divenisse terreno fertile per accogliere il seme del Signore.

La mia testimonianza non può non farsi commossa pensando a questo tempo prezioso della prima infanzia di Pierluigi come al paradigma a cui ogni comunità cristiana deve guardare perché la nostra chiesa si faccia coraggiosa nel proporre agli adolescenti, ai bambini, la bellezza dell'ideale sacerdotale e se ne assuma anche tutta la fatica che comporta un cammino così progettato.

La fatica pedagogica che ha comportato il lungo cammino di Pierluigi è il giusto prezzo che si è pagato assumendo come riferimento principe l'incontro tutto personale tra un cuore adolescenziale e il seme del Signore, verso cui l'opera educativa si è fatta servizio attento ed esigente ma mai prevaricatore della libertà di quest'incontro.

Pierluigi si presenta oggi all'altare carico non tanto delle espressioni che hanno caratterizzato l'esteriorità del suo cammino, ma dalla tensione interiore di questo dialogo personale tra la sua storia ed il Signore.

Testimoniare questo è l'aspetto più difficile per un educatore, ma in questo momento la gioia, la gratitudine si fanno tutela con questa pensosa ma responsabile testimonianza.

È la terza volta che il Signore dà in questi ultimi tempi a tutta la Chiesa di Potenza e a me in modo particolare la gioia di questa esaltante liturgia, momento culminante dell'incontro tra Pierluigi e Cristo.

Dire di questa liturgia è cosa difficile, più semplice l'invito ad entrarvi dentro quasi come in un mistero per sentire l'indicibile amore di Dio per tutti noi. Entrando dentro questa divina liturgia ciascuno di noi potrà capire quanto ho cercato di spiegare con parole povere, potrà capire cosa significa per un giovane camminare verso questo momento, potrà intuire, me lo auguro, che questa liturgia è l'inizio di un ministero di cui tutta la Chiesa di Potenza dovrà farsi materna custode, perché la fatica sarà immensamente superiore nel far sì che un giovane sacerdote si faccia strumento di grazia a tempo pieno.

L'abbondanza di grazia che ciascuno di noi riceverà in questa liturgia e che si trasformerà in commozione, in lacrime, in gioia, diventi quasi una fonte di memoriale nei confronti di Pierluigi per essergli di sostegno e di aiuto.

"Il ricordo è una forma di incontro" dice Gibran, il ricordo di questa solenne liturgia per noi per sempre è una forma di incontro con Pierluigi, sacerdote secondo il volere di Cristo.

Posso pertanto attestare che ne è degno".

E Mons. Vairo aggiunse: *"Con l'aiuto di Dio e Gesù Cristo nostro Salvatore noi scegliamo questo figlio per l'ordine del Presbiterato".*

Fu attestato che ero degno dell'ordine del Presbiterato, fui guidato nel cammino tra gioie e fatiche ed eccoci agli ultimi dieci anni, dopo aver terminato gli studi a Roma con la Laurea in Teologia e Filosofia e conseguito un Master in Bioetica ed un Baccalaureato in Comunicazione Sociale Istituzionale, scritto tre libri, aver incominciato le docenze presso l'Università Cattolica del Sacro Cuore di Roma e l'Università La Sapienza di Roma, ecc..ecc.. mi ritrovo negli anni in cui dopo un'esperienza di 13 anni di guida a due piccole comunità parrocchiali suddivise in ben 35 piccoli sobborghi rurali per un totale di quasi 3500 abitanti, dopo avere ricostruito due chiese parrocchiali, aver dato alla chiesa diocesana ben cinque sacerdoti, mi ritrovo in Città unicamente per la scomparsa di papà e quindi per stare vicino a mamma malata di cuore, che oggi alla luce di tutte le nefandezze dette ed uscite ha sofferto ancor di più facendoci preoccupare per una sua improvvisa dipartita, che ringraziando solo Iddio non c'è stata, ma il dolore e la sofferenza sono rimasti con le varie conseguenze.

Di rientro a Potenza in maniera ufficiale, ma sempre con attività a livello nazionale ed internazionale, per il ruolo in particolare di Direttore Regionale per la Pastorale del tempo libero, turismo e sport della Conferenza Episcopale di Basilicata e di Presidente Europeo della Federoratori (Federazione Europea Circoli ed Oratori Giovanili) e membro di Associazioni No Profit e di O.n.g., oltre ad altri incarichi a livello diocesano come quello di Assistente diocesano degli Scout o Notaio attuario nel Tribunale Ecclesiastico Diocesano ecc... ecc... mi dedico di più nell'impegno universitario, essendo già docente di *Etica della Vita Umana e Fede* e di *Questioni di Teologia Speculativa e Dogmatica* nei corsi di Laurea triennale di

Ostetricia, Logopedia, Dietistica, Tecniche di Laboratorio Biomedico e Tecniche di Radiologia Medica all'Università Cattolica del Sacro Cuore di Roma polo di Potenza, ed assumo inoltre le docenza di *Etica e Bioetica* al Corso di Laurea in Professioni Sanitarie - Infermiere Generale e Pediatrico, di *Logica e Filosofia della Scienza e Filosofia Morale* al Corso di Laurea Specialistica in Scienze delle Professioni Sanitarie della Prevenzione e di *Discipline Demoetnoatropologiche* al Corso di Laurea Specialistica in Scienze Infermieristiche ed Ostetriche, il tutto alla Prima Facoltà di Medicina e Chirurgia presso l'Università "La Sapienza" di Roma, docente del corso di *"L'Etica e l'Ambiente"* nell'ambito dell'insegnamento di "Valutazione di Impatto Ambientale" al Corso di Laurea Specialistica alla Facoltà di Ingegneria dell'Università di Basilicata, partecipando anche a numerose conferenze e congressi nazionali ed internazionali, anche in qualità di relatore e scrivendo saggi ed articoli nell'ambito della fede, dell'ambiente e del tempo libero, sport e turismo oltre che di fenomeni di vita quotidiana, tutto sempre quindi a mie spese.

E tutto ciò mi porta anche a divenire membro del Comitato Scientifico ***dell'International Observatory Cardinale Van Thuàn for the Social Doctrine of the Church***, oltre a ricevere premi ed essere insignito di una lunga serie di onorificenze e benemerenze a livello nazionale ed internazionale, dagli Stati Uniti alle Filippine, dalla Thailandia alla Russia, quali ad esempio il premio Presidenziale "Active Lifestyle" ed il "President's Volunteer Service Award", la nomina quale Ambasciatore di Pace, di Cavaliere-Commendatore dell'Ordine di Rizal della Repubblica delle Filippine con il titolo di "Sir", di Archimandrita d'onore della Santa Chiesa Universale Ortodossa Slava con il titolo di Monsignore ecc... ecc...

Ma probabilmente tutto ciò è stato ed è motivo di invidia da parte di chi ha pensato che io potessi assurgere a chissà quali ulteriori onori – anche nel mio stesso ambiente ecclesiale dove con cattiveria sono stato trattato e mai difeso se non da pochissimi confratelli - nel mentre c'è stato solo lo "sfruttamento" dell'immagine e della buona fede, per avere le mie conoscenze e per fare i propri truffaldini interessi a mie spese da chi si porrà come "amico o conoscente" con la scusa di fare del bene al prossimo, come vedremo anche nel "caso Cabinda".

Il FUNZIONARIO UNIVERSITARIO... MASSONE... ED IL PRIMO CONTATTO CON LA MASSONERIA...

Grazie a questo impegno nel sociale, un giorno mi viene presentato da un vecchio amico fraterno, compagno di giochi da fanciulli vivendo nello stesso quartiere e vicini di palazzo, amico che si rivelerà, a detta di alcuni giornalisti colui che ha informato la famosa barba finta e non solo e perché?, ma poi non tanto finta visto che deve aver continuato, dopo "essere uscito" dall'Agenzia (Sisde) e dal successivo incarico di sicurezza a Milano, ad avere rapporti con questo professionista (cfr. S. Lapenna) ed il suo amico giornalista (cfr. F. Amendolara), da cui ha saputo particolari ma distorti e chissà perché, forse per mettersi – il mio amico professionista - anche lui in mostra come un certo sacerdote della Chiesa Buona (cfr. don Cozzi) o forse perché voleva distogliere lo sguardo e l'aria pesante da altri suoi "amici" o "assistiti", così come dicono alcuni, chissà?

Comunque questo "caro amico" mi presenta un funzionario dell'Università di Basilicata, persona a modo ma che nel tempo non si rivelerà il vero amico che si voleva mostrare, ma come tanti solo colui il quale cercava di trarre vantaggio dalla vicinanza di una persona che comunque nell'ambito della società cittadina e regionale, in particolar modo, svolgeva un ruolo, e questa persona la prima cosa che mi racconta è la sua appartenenza alla massoneria, tema molto caro a tanti personaggi: giornalisti, familiari di vittime, sacerdoti della "Chiesa buona" e "dietrologisti" vari, tanto da affermare *"...perché tante coperture... Ma sì, qui e là anche la riproposizione di legami massonici.... Ma che al massimo evocano scenari suggestivi e non rappresentano un indizio. Finora..."* scrive lui il "giornalista-scrittore della Tv nazionale commerciale" (cfr. P. Maurizio) nel suo libro, come quasi a far intendere che ci sia comunque qualcosa di losco attorno a queste vicende.

È sempre lo scrivere e il non scrivere, il dire e non dire, il seminare il dubbio e l'interrogativo o gli interrogativi tra lettori ed ascoltatori, tra gente comune che non conosce e che non sa tutto fino in fondo se non "per sentito dire" e che si "beve" tutto perché l'ha detto quel giornalista o quella giornalista e quindi per forza di cose ci deve esser qualcosa... perché questi sono infallibili, non sbagliano mai...., ma è quell'interrogativo che mi pongo anche io dicendo: perché seminare tutte queste cose?, quindi ritornando al nostro funzionario-massone, ma di una massoneria che io ho sempre definito quella "dei quattro amici al bar", non facenti capo a quelle organizzazioni più conosciute come il Grande Oriente d'Italia o quella della Gran Loggia d'Italia – Obbedienza di Piazza del Gesù, ma di quella "massoneria considerata minore" ma sempre lecita secondo le leggi dello Stato e comunque non certamente di quella cosiddetta deviata o segreta che viola le leggi dello stato e più precisamente la Legge Anselmi, come qualcuno ha voluto accostare in maniera cattiva, subdola ed in malafede anche me definendomi un "massone deviato" con altre menzogne dette sul mio conto e smentite per tabulas dalle certificazioni delle autorità competenti, solo ed unicamente per diffamarmi a livello locale, nazionale ed internazionale, cercando di delegittimare il mio lavoro anche quale rappresentante della Chiesa e della Polizia.

Questa persona mi parla di tante cose, ma la prima cosa che gli dico dopo che fa certe proposte è: *"mio caro amico, io non mi iscrivo a nessuna Loggia massonica e non faccio nessuna iniziazione, l'unica Loggia che conosco è quella papale e sono stato "iniziato" il giorno della mia ordinazione e sono fedele alla mia chiesa ed al mio Dio, ed anche se San Paolo in un passo delle sue lettere parla dell'Architetto dell'Universo, sappi che io faccio parte della Santa Chiesa Cattolica, Apostolica e Romana e mi basta; che poi mi possa "affascinare" lo studio delle Associazioni od Organizzazioni varie come quelle Massoniche o come i fenomeni di Mafia e Terrorismo, ciò non deve presupporre che io sia o voglia essere massone o mafioso o terrorista, sono uno studioso, ho scritto degli articoli e libri ma nulla più, e se poi la frequentazione con te o con altri "tuoi fratelli", ma ovviamente miei fratelli in Cristo credenti o no, avviene nel massimo rispetto dei ruoli di ognuno bene, sennò dopo questo caffè è stato un piacere e finisce qui....."*

Fatta questa precisazione e questa premessa da qui nasce, pertanto, la prima volta la mia conoscenza ed una certa frequentazione con un membro della "massoneria" e che mi porterà poi nel tempo a conoscere altri personaggi, anche massoni, che faranno delle proposte bellissime, come ad esempio quella di aiutare i bambini più bisognosi in una certa parte di Africa e che mi vedrà vivere il fatto di essere stato segnalato – *erroneamente e forse in malafede da membri delle forze dell'ordine che certamente non hanno saputo fare il loro lavoro* - come un appartenente a certe organizzazioni particolari deviate ed altro.

Vediamo, quindi, un attimo quali sono i principi e le finalità della massoneria per poter capire meglio un certo fenomeno, visto ancora da taluni come qualcosa di maligno, e che potrebbero pertanto così riassumersi:

"Pur non essendo facile individuare esattamente e riassumere in pochi concetti le finalità massoniche condivise da tutte le logge, si possono elencare con sufficiente approssimazione le seguenti:

- *edificare il Tempio: questa è una affermazione correntemente utilizzata per identificare la crescita interiore del proprio spirito che tende, senza mai potervi giungere, al perfezionamento dello spirito attraverso processi catartici di riflessione, meditazione e approfondimento dei concetti etici e morali universali;*
- *divulgare il pensiero positivo finalizzando tale attività al miglioramento dello stato di condivisione dei principi morali, etici e di fratellanza, ponendo avanti al proprio io quello dell'intera umanità, al fine di poter essere valore aggiunto nella crescita spirituale;*
- *espandere i principi di fratellanza attraverso l'insegnamento iniziatico*

La massoneria persegue i principi di amore fraterno, soccorso e verità e nei suoi rituali vengono impartite lezioni di morale. I seguenti sono i principi fondamentali condivisi da tutta l'organizzazione:

1. *riconoscimento di un ente creatore denominato Grande Architetto dell'Universo (GADU);*
2. *nessun limite alla ricerca della verità;*
3. *la fratellanza è aperta a tutti gli uomini di ogni nazione, razza e credenza;*
4. *lotta contro l'ignoranza in ogni sua forma.*

La massoneria non è una religione e lascia liberi i suoi affiliati di seguire la religione che desiderano; proclama la libertà dell'uomo, proscrive ogni discussione politica dalle sue riunioni coltivando solo la dedizione alla patria e la fratellanza universale (fonte da Wikipedia, l'enciclopedia libera)."

Inizia quindi un rapporto di collaborazione per varie attività e soprattutto per dare una mano di aiuto ad un suo familiare in un momento di estrema necessità. Da qui nasce la conoscenza, sempre tramite altri "suoi fratelli" del famoso "Avvocato" del nolano, così come descritto in varie intercettazioni e copie di giornale come vedremo avanti, che mi viene presentato quale direttore di un giornale on line oltre che essere un ottimo consulente, amico di vari personaggi a livello nazionale, politico e militare, è inoltre definito come colui che, per taluni, sarà *una "panacea"*, ma che in fondo alla fine non sarà proprio così: anzi...; ma essendo anche un giornalista il sottoscritto, era l'opportunità per poter scrivere altri articoli su quello che era uno dei tanti quotidiani nazionali online di punta in quel periodo.

L'AMICA PROFESSIONISTA E LA "SCHEDA MALEDETTA" DELLA "COSIDDETTA MOLESTIA TELEFONICA"...

Nel contempo c'è la quotidianità della vita fatta di attività in Chiesa e di frequentazioni di amici ed amiche che si conoscono da tempo ed i quali cercano la mia persona per confidarsi, parlare, chiedere consigli, come una amica professionista seria e qualificata nel suo settore lavorativo, che però ha problemi di cuore. Un giorno questa amica mi chiede di comperarle una scheda telefonica di un altro gestore diverso dalla prima che aveva, ed avendo io degli ex-parrocchiani che gestiscono un negozio di telefonia proprio di quel gestore telefonico diverso dalla prima scheda che aveva questa mia amica, le compero questa scheda e gliela regalo, ma mai ad immaginare che lei poi nel tempo la utilizzasse male e che comunque non avesse fatto il cambio di nominativo di intestatario e di reale utilizzatore.

Nel raccontarmi alcune sue inquietudini, spunta quella della relazione con un giovane assicuratore che, nello stesso tempo, frequentava lei ed anche una ispettrice di polizia.

Quando lei lo venne a scoprire mi raccontò il fatto, io le consigliai di troncare o comunque di chiarire in maniera seria con questo giovane che nel frattempo aveva deciso, a dire sempre della mia amica, di sposare questa poliziotta, cosa che poi ci risulta non essere avvenuto. Avvenne invece che un giorno, il sottoscritto, fu convocato in tribunale a Potenza alla sezione di P.G. della Polizia di Stato perché c'era stata una denuncia contro ignoti, come direbbe il nostro conoscente giornalista-scrittore - della TV nazionale commerciale - "*a modello 44 come si dice in gergo. Contro ignoti*"; in quanto sul telefono di questo assicuratore prima e della poliziotta dopo nell'arco di un paio di giorni erano arrivati una decina di squilli, *e sapete da dove partivano quegli squilli?* (come ha detto il nipote di una santa suora che si occupava della segreteria del successore di Mons. Giuseppe Vairo, ma lui dalla voce demoniaca al suono di violini per intenderci- cfr. G. Carbone) dalla scheda di don Pierluigi Vignola....(anzi il "giornalista-violinista" ha fatto di più, ha osato dire che partivano dal telefono di servizio.... quello come Cappellano della Polizia di Stato, per rendere la mia figura ancora più losca, e far credere al telespettatore che fossi io il molestatore, senza sapere o per meglio dire senza far capire, tra le altre cose, che a quei tempi i cappellani della polizia non avevano neppure il telefono di servizio che arriverà anni ma anni dopo, alla fine del 2007 e che comunque non era io a fare gli squilli) infatti la realtà era ben diversa. I 10 squilli o più che aveva ricevuto l'assicuratore prima e la poliziotta poi e neppure nel cuore della notte ma durante il giorno – sempre a detta della mia amica - per i quali avevano sporto denuncia prima l'assicuratore e poi in un secondo tempo la poliziotta sempre contro ignoti, venivano dalla scheda che io avevo regalato a questa amica, che per gelosia o per altro aveva fatto gli squilli, quindi ci furono delle indagini che accertarono che quella scheda era in uso a questa amica e quindi la denuncia passò da Modello 44 (contro ignoti) a Modello 21: *quello contenente notizie di reato attribuibili a persone note*, e si formalizzò contro questa mia amica. Vi fu, in seguito, un processo che accertò la colpevolezza della mia amica che fu condannata ad una sanzione pecuniaria come pena; io invece dopo essere stato ascoltato come persona informata sui fatti (circa un anno dopo che erano iniziate le indagini) ed aver chiarito la mia posizione – molto prima del processo - non seppi più nulla, se non ora (dieci anni dopo "grazie" ad una trasmissione televisiva che mi ha accusato appunto di molestie – cfr. Chi l'ha visto?), e quando richiesi alla mia amica, che nel frattempo non vedevo più da anni, come si fosse risolta quella questione, lei mi disse ciò che ho appena raccontato…., l'episodio risale al 2002/2003 e potete immaginare la mia sorpresa quando ascoltando una trasmissione televisiva durante la stessa uscì questa assurdità di molestie telefoniche a mio carico, episodio che in pochissimi conoscevano, e sapete chi fu l'avvocato d'ufficio della mia amica (essendo lei non della mia città)?, il fraterno compagno di giochi d'infanzia (cfr. S. Lapenna)… amico del noto "giornalista" locale (cfr. F. Amendolara)…. al quale gli furono chieste notizie riguardo la "barba finta" ecc…ecc…, e che quindi – caso strano o pura coincidenza - solo qualcuno che aveva interesse a riferirlo al giornalista o ai giornalisti di turno per mettersi in mostra e ricavare chissà quale cosa, così come sospettato e detto da taluni, gli ha fatto compiere il passo falso che permetterà poi di scoprire chi ha anche contribuito ad infangarmi – consapevolmente o inconsapevolmente - gettando ombre sulla mia persona e tirandomi in ballo in una storia – quella della giovane adolescente assassinata - di cui io non sapevo nulla se non per un "pourparler" che si faceva quando usciva di tanto in tanto questa storia, ma soprattutto dopo che fu riaperta in maniera ufficiale nel 2007 con un nuovo pool di poliziotti, l'indagine sulla scomparsa della povera ragazza scomparsa anni addietro e, se mai ci sia stato qualche "pourparler" o come si suol dire "pettegolezzo di strada" nel passato come già detto – cosa che non ricordo proprio perché la cosa non mi interessava e mai mi è interessata - è stato solo perché si faceva riferimento a questioni simili come determinate scomparse nelle quali si parlava di tratta delle bianche o di vendita di organi o di giovani scappate da casa ecc….ecc…

Da tutto ciò si può denotare come siano stati manipolati i verbali che il Lapenna (avvocato d'ufficio della mia amica) ha passato all'Amendolara che ha passato alla trasmissione Chi l'ha visto? e come sia stata alterata la realtà facendomi passare per un molestatore quando così non è, loro lo sanno ma hanno voluto far credere il contrario, così come per altri verbali giudiziali che l'Amendolara ha trasformato nel suo libercolo sulla povera Anna Esposito, accusando il sottoscritto poi non si capisce di cosa, ma lui scrivendo in maniera delirante solo assurdità….ripresi da altri/e personaggi anche sui social network e dagli stessi familiari della povera Anna Esposito, e poi questo personaggio (cfr. F. Amendolara) è considerato anche "bravo cronista" e riceve pure premi internazionali alla memoria di grandi magistrati uccisi dalla Mafia, e viene invitato anche a conferenze internazionali a parlare di deontologia professionale quando non sa neppure dove sia di casa, e da qui si può capire come è ridotta la nostra Patria ed il nostro giornalismo.

L'AVVOCATO - GIORNALISTA - MASSONE

Ma ritorniamo all'avvocato del nolano, da nota letta sui giornali segnalato per truffa, falso, violazione della legge Anselmi sulle società segrete ecc...ecc..., ma prima di tutto e di andare avanti: vorrei chiedere al giornalista di turno o al "poliziotto di turno che ascolta le conversazioni nelle intercettazioni telefoniche e poi fa le relazioni di servizio con informative che non si capisce appunto come siano fatte", che se io ad esempio parlo con Bertinotti sono di Rifondazione Comunista e se parlo con Storace sono de La Destra e quindi se parlo con questo personaggio sarei un massone deviato perché questo avvocato ha delle segnalazioni per massoneria deviata o devo fare qualcosa di losco per forza o avere inquietanti relazioni? E perché non me lo hanno chiesto, se era tra l'altro secondo loro un reato o qualcosa di così inquietante, perché parlavo a telefono con questa persona? Forse perché tra le altre cose non dovevo neppure essere messo sotto intercettazione perché nulla c'entravo e mai ho avuto nulla a che fare e nulla c'entro con la storia del caso Claps, se non perché inserito a forza e con cattiveria e "per i capelli" come si suol dire, da chi aveva necessità di un "capro espiatorio" e coprire chissà cosa, così come riferitomi da persone degne di fede e presenti alla richiesta di intercettazione. In fin dei conti ero sempre un Funzionario di Polizia e quindi della famiglia.... Ma no... perché quando si intercetta qualcuno e su segnalazione anche di chi è agli onori delle cronache perché ha subito una perdita grave, questi per forza di cose è colpevole di qualche cosa.... Ancora una volta, invece, l'incompetenza di membri delle forze dell'ordine - e mi duole vedere e sapere come taluni Funzionari di Polizia non fanno fino in fondo il loro lavoro anzi alcuni lo fanno con pura cattiveria - possono rovinare le persone (vedi me ed altri casi di cui ne fui a conoscenza ma che per motivi d'ufficio non se ne può parlare, con la speranza che non venga il pm di turno a dire che anche i motivi d'ufficio come quelli inerenti al mio ministero ecclesiale bisogna dirli); perché se ad esempio a Benevento avessero appurato il mio ruolo in una determinata vicenda – Cabinda - che vedremo più innanzi, non avrebbero fatto, dopo un anno e mezzo di indagini e *dopo sette mesi* dacché erano avvenuti degli arresti, una segnalazione al SDI/CED (Sistema Informatico Interforze – Centro Elaborazione Dati) e quindi degli accostamenti fantasiosi e se il così "bravo e scrupoloso" ex capo sezione Dia a Salerno avesse fatto indagini precise, non avrebbe scritto "sciocchezze" ai magistrati nella sua relazione di servizio, sempre come scritto e letto sui giornali, ma – come qualcuno nell'ambito degli uffici mi faceva notare - il fatto del passaggio poi di questa persona da Capo Sezione della Dia agli uffici della Squadra Mobile – e non certo come Dirigente - già da solo può definire il poliziotto.... non molto pratico...

Non basta quindi intercettare ed ascoltare delle persone per dire che le stesse o la stessa sia o è un delinquente oppure è coinvolto in chissà quali loschi affari... o perché può avere una simile segnalazione allo SDI/CED fatta erroneamente e sulla quale non si è indagato a fondo, ed inoltre se si scrive anche: *"Per quanto riguarda, in particolare, l'utenza in uso a don Pierluigi Vignola, si segnalano alcune conversazioni non attinenti alla presente indagine...."* , ed allora se non erano attinenti perché lo si è messo nella relazione di servizio? C'è un accanimento contro di me? E perché? Cosa c'è dietro? Incompetenza o malafede, far vedere che ero segnalato allo SDI/CED e comunque per errore di chi aveva fatto le indagini dall'altra parte anni addietro, cosa che purtroppo si incomincerà a risolvere solo dal 10 maggio del 2012 dove, dopo le scrupolose indagini di un bravo e zelante ispettore della squadra della Divisione Anticrimine della Questura di Potenza, lo stesso invierà richiesta di cancellazione dallo SDI/CED, come da richiesta presentata il 6 dicembre 2011 da me e dal mio avvocato perché nulla c'era, c'è stato e c'è a mio carico a Benevento, Milano o Salerno o Catanzaro o altre procure nazionali o internazionali (cfr. allegati), richiesta inviata quindi al Focal Point di Benevento, perché tra le altre cose "qualcuno" ha preferito che la cancellazione non avvenisse da Potenza per non far vedere che ci fosse un favoritismo... ma di cosa poi e perché?

Se le risultanze sono *che nulla c'era e c'è a mio carico* perché non operare bene e fare il proprio dovere? E quindi non c'è alcun riscontro a quanto da loro in maniera superficiale immesso nello SDI/CED, solo perché bisognava segnalare tutto e tutti senza alcun riscontro, e quindi solo per il fatto di essere iscritto ad una Associazione Onlus, dove altri hanno sbagliato, si va ad iscrivere il sottoscritto facendomi gravare addosso accuse infamanti ed assurde e perché?, ed inoltre la squadra mobile di Benevento che non mi risponderà in maniera immediata in quanto si sono rimpallati la palla dal Focal Point della questura di Benevento alla Squadra Mobile della stessa questura che ha immesso nello SDI/CED false notizie e che dopo tre mesi e dieci giorni ancora non aveva provveduto alla cancellazione e chissà perché? e solo in data 23 agosto 2012 arriva la tanto attesa comunicazione dell'aggiornamento dello SDI/CED, ma solo perché in data 3 luglio 2012 l'Ufficio preposto del Ministero dell'Interno ha sollecitato la squadra mobile della questura di Benevento a fare ciò, sennò chissà quanto tempo bisognava attendere e quindi perché tutto questo tempo? Capiamo quindi come si lavora in determinati uffici? Povero chi ci capita sotto!

Finalmente c'è stata la comunicazione dell'avvenuta cancellazione della segnalazione allo SDI/CED fatta ad Aprile 2008 e, così, da un errore fatto da gente non competente si è avuta – senza sapere se non anni dopo - sulla testa una "spada di Damocle" per ben 5 anni con le conseguenze che sappiamo e non solo; perché chi è che ci dice che questa situazione non abbia precluso altre situazioni di una possibile promozione o cambiamento di ufficio od altro, visto alcune proposte fattemi e comunque alla fine non "andate in porto"?; ed inoltre quali altri conversazioni sarebbero attinenti al caso Claps se mai ci si è entrati e se del caso non si sa nulla, mai saputo nulla e nulla mai è interessato? Quindi è tutto un complotto.... tra le due città: Salerno Dia – Potenza Squadra Mobile.... altro non si può pensare e spiegare.... "Volontà di assurgere agli onori e ricevere chissà cosa, premi, promozioni od altro alle spalle di persone innocenti? ...".

Non hanno, pertanto, il diritto di mortificare l'uomo e la verità, non solo un elemento a mio carico, non sono in condizione di dimostrare alcun comportamento illecito di quanto iscritto nello SDI/CED, ed allora: perché?

Basta una intercettazione per far scattare inchieste e anticipare sentenze come "sono soliti fare certi giornalisti" e "certe trasmissioni televisive" che poi vengono additati a "salvatori della Patria" a "personaggi che scoprono tutte le magagne di questa bella nostra Patria". Non importa se a parlare poi ci sono dei personaggi del tutto inattendibili ed alcuni millantatori recidivi. Non importa se mancano dei riscontri, *l'importante è buttare in pasto al pubblico ciò che già loro hanno sentenziato*, grazie anche ad errori di chi invece è preposto a fare le indagini ed a farle bene, cosa che invece non succede, e così diventa oro colato il racconto che poi fanno in tv o che scrivono sui giornali o libercoli e perché? Perché poi la "Tv del dolore funziona sempre"?

Ci vuole professionalità e mi spiace che proprio nella famiglia, quella della Polizia di Stato, ci siano persone e non semplici agenti appena usciti dalla Scuola, ma Sottufficiali o Funzionari e Dirigenti di medio e lungo corso che sono superficiali nel loro lavoro e così possono rovinare una o più persone, con informative non corrispondenti al vero o chissà perché fatte e "imposte" al magistrato di turno con il far intercettare persone che nulla c'entravano o c'entrano con certi casi su suggerimento di chissà chi poi..... (purtroppo c'è molta cattiveria in giro e puro godimento sulle disgrazie altrui... mi dicono e ribadiscono negli ambienti della stessa questura di Potenza.....)

Qui mi viene anche in mente un episodio che accadde nel gennaio del 2002 quando mi fu rubata a Roma dalla macchina una borsa contenente documenti, blocchetto degli assegni e il telefono cellulare ed altro di riservato; e che dopo la denuncia alla squadra mobile della mia città non seppi più nulla, se non solo il fatto che poi nel tempo fu rintracciato il telefono cellulare, così come mi fu detto, ma lo usavano dei delinquenti e quindi nulla si poteva fare.... anzi mi furono fatti sorrisini ironici quando mi fu data questa notizia... roba da pazzi, da non credersi in uffici di Forze dell'Ordine..... Perché? La domanda che mi posi fu lecita... ma risposta mai ci fu....

Allora mi chiedo: ma come vengono presi in Polizia? Non ci vorrebbe anche in Italia un ufficio tipo: gli Affari Interni come nella Polizia Americana? Perché non credo che bastino le ispezioni ministeriali in determinate questure per stabilire se le cose vadano bene o no in determinati uffici.

Non feci nulla allora e forse sbagliai... perché queste negligenze come altre vanno denunciate immediatamente agli organi competenti... ma erano della famiglia e quindi ritenni di dover chiudere un occhio su ciò che comunque di sbagliato era stato fatto nei miei confronti... Ci rendiamo conto pertanto di come si fanno le indagini?

Così come quando accompagnai mia sorella dal Capo della Squadra Mobile a chiedere spiegazioni come mai dopo aver letto sui giornali quanto da lei detto durante un interrogatorio – come persona informata sui fatti -, avuto subito dopo il ritrovamento del corpo della giovane Claps, e comunque non verbalizzato e chissà perché? e cioè il fatto che: il famoso pomeriggio del 12 settembre 1993, essendo lei in chiesa dal primo pomeriggio, in chiesa si presentò solo un uomo intorno alle 17/17.30, che si qualificò come poliziotto chiedendo notizie sulla scomparsa della giovane; ma guarda caso questo particolare si ritrovò, anziché nel verbale, sul solito quotidiano locale ad opera del solito giornalista noto (Amendolara) e quando, appunto, ci si lamentò con il Capo della Mobile, anziché prendere provvedimenti nei confronti di chi aveva fatto uscire cose riservate sui giornali disse che l'aveva scusata con il sig. Claps... il signor "professione fratello" per intenderci, che guarda il caso strano anche lui era lì quel pomeriggio negli uffici della Squadra Mobile, quando io – Cappellano della Polizia – accompagnai mia sorella dopo previo appuntamento con la dirigente, lui – professione fratello - un "frequentatore assiduo degli uffici della squadra mobile chissà come mai..." a detta di molti in quegli uffici e negli ambienti stessi della Questura, e quindi scusata ma poi di cosa e per cosa? quando si andò per riferire e capire come mai ciò che fu detto in un interrogatorio, subito dopo il ritrovamento del corpo della giovane Claps, e non verbalizzato, si ritrovò sul solito quotidiano a firma del solito giornalista che sa sempre tutto e di più in anticipo e come mai? E come mai e perché non c'è stato alcun provvedimento nei confronti di chi fece uscire le notizie andate poi sui giornali anzi andando, come si suol dire, a cercare "grazia" si trovò "giustizia"? perché? sempre per la smania di protagonismo ed il fatto che si cerca in tutti i modi di ricevere quelle "promozioni per meriti speciali" e quindi senza approfondire se veramente certe situazioni o persone c'entrino qualcosa e soprattutto facendosi forti anche delle varie coperture ad alti livelli? Ecco perché in quel *"primo piano"* (piano dove è situata la squadra mobile della questura di Potenza) ci sono tante cose che da tempo non si capiscono come già detto quando non fecero nulla in riferimento alla denuncia di cui sopra... ma chi e come si lavora ad un ufficio così delicato? O basta accusare a filo dritto senza problemi? Perché non si fanno i dovuti controlli da parte di chi di competenza? Vedi anche quanto successo a Benevento con il caso Cabinda? Come si fanno le indagini? Superficialità o malafede? Voglia di apparire e di ricevere solo premi?

Ma ritornando all'avvocato ed ai giorni passati, lo stesso aveva la capacità di saper riuscire a presentarsi bene e con un certo charme, anche intrufolandosi in feste dove faceva credere all'uno di essere amico dell'altro e così diveniva amico di vari personaggi anche ad alto livello, come di un mio conoscente Colonnello dell'Arma dei Carabinieri in servizio presso la sede centrale della Dia in Roma che mi raccontava proprio di questo suo stratagemma, e del fatto che poi l'avvocato si vantava di essere suo grande amico e così poteva perpetrare i suoi disegni, "forse loschi" e non si capisce per quale fine ultimo... lo scoop giornalistico acquisendo informazioni riservate? La semplice truffa o cosa?

Così avrà ed anzi ha fatto del sottoscritto facendo credere a chissà quali povere ignare persone che chissà quale potenza potessi avere, che certo potente non ero ma di Potenza sicuro. Ed infatti con altri amici della regione, ci presentò varie persone di un certo rilievo con chissà quale intento finale ed eccoci arrivati quindi a Cabinda.

UNIVERSITÀ, MASSONERIA, SOLIDARIETÀ E... CABINDA...

Da quello che si leggerà di seguito si potrà dare anche risposta al signor ex capo sezione Dia di Salerno ed a ciò che si è scritto già in riferimento a rapporti con persone che sono affiliati alla massoneria, che non riteniamo sia un reato o un peccato, anche questi sono figli di Dio e vanno seguiti nel loro cammino per una conversione se peccatori, sempre che ci si riesca...

"Siate nel mondo ma non siate del mondo", ma con alcuni purtroppo questo non è avvenuto, perché hanno continuato ad "essere del mondo".

Un giorno andando all'università a trovare quell' "amico" funzionario, trovai una Jaguar parcheggiata fuori l'ingresso dell'ufficio dello stesso e mi vennero presentati due personaggi: un funzionario dell'Enel nonché membro del direttivo del Rotary Club di Benevento ed un suo amico.

Da qui nasce quella "cosiddetta frequentazione" che si limita poi ad alcuni incontri nell'alto Sannio con tre cene ed un paio di incontri a Potenza, potremmo dire meno di una decina in tutto e forse sono anche molti (meglio essere chiari però, perché sennò il "giornalista che fa i servizi con i sottofondi di violino" (cfr. G. Carbone) quello che "scopre sempre legami strani" potrebbe dire – come anche certi avvocati - che parecchie volte vuol dire più di 8/10, mentre per noi può essere anche 2... è soggettiva la cosa... o no caro giornalista cattivo? ma in televisione non è così purtroppo per taluni che sono bravi a stravolgere tutto a loro uso e consumo vero?), ma che comunque fanno sembrare queste persone degli elementi di spicco e di notevoli conoscenze, ma soprattutto con la voglia di fare qualcosa di buono... ma così non era... e mi proporranno, comunque, di partecipare alla costituzione di qualcosa di buono "sulla carta" - per i poveri bimbi di Cabinda - una provincia dell'Angola in Africa.

"La Provincia di Cabinda è la più settentrionale provincia dell'Angola ed ha come capoluogo la città di Cabinda. È un'enclave che confina a nord e a nord est con la Repubblica del Congo e a sud est con la Repubblica Democratica del Congo, che a sud la separa dal resto dell'Angola per uno stretto corridoio di territorio. Ha una superficie di 7.270 km² ed una popolazione di 421.329 (stima del 2009). Il clima è di tipo tropicale con due stagioni principali.

L'unica voce rilevante nell'economia di Cabinda è il petrolio, di cui la provincia possiede il 60% delle risorse. Ed è soprattutto per questo che l'Angola non vuole concederle l'indipendenza", ma che a loro dire è un terra martoriata con un governo in esilio.

"La Cabinda possiede il 60 per cento delle risorse petrolifere dell'ex colonia portoghese e da sola frutta, in termini di esportazione del petrolio, circa 100mila dollari l'anno per abitante".

Dell'indipendenza di Cabinda in Italia si era già parlato, in particolare a causa di alcune indagini della magistratura che hanno evidenziato una realtà sconcertante e dai risvolti tragicomici.

"Siamo nell'ottobre 2007, e G.T., quarantenne, funzionario Enel, viene arrestato per associazione per delinquere finalizzata al falso, alla corruzione e altri reati contro la pubblica amministrazione.

Con lui sono oggetto di provvedimenti restrittivi un suo collega, M.B, e una decina di imprenditori, ai quali G.T. rilasciava la cosiddetta "qualificazione" (riconoscimento propedeutico per accedere alle gare di appalto bandite dall'Enel) in cambio di tangenti, in modo da far ottenere ai privati "controlli e verifiche pilotate per qualificare imprese anche in assenza dei presupposti". G.T. è inoltre accusato di aver infranto la legge Anselmi e aver "promosso un'associazione segreta che, all'interno della massoneria (associazione palese), svolgeva attività diretta a interferire nelle relazioni diplomatiche dello Stato italiano". Aveva infatti fondato una loggia massonica, la "Colonna Traiana", che tra le altre cose sosteneva la liberazione di Cabinda, per la quale raccoglieva fondi tramite la Onlus "Freedom for Cabinda".

È questo il filone delle indagini che rivela delle inaspettate cospirazioni internazionali tra i ribelli del Cabinda e i massoni di una piccola realtà di provincia. Infatti, durante una delle numerose perquisizioni disposte dal pm Antonio Clemente, viene ritrovato un falso passaporto diplomatico dell'inesistente Stato di Cabinda. Inoltre, è sequestrata una pre-fattura di 150mila euro, emessa dal titolare di una società di guardie personali che, incontratosi a Milano con gli indagati, aveva pattuito per quella cifra la formazione di un gruppo di mercenari destinati alla guerra di liberazione di Cabinda. Al momento non ci sarebbero prove per dimostrare l'ingaggio dei mercenari, si sa per certo, però, che ne furono richiesti trenta. Il finanziamento dei massoni beneventani alla guerra di liberazione avrebbe garantito loro incarichi nel futuro governo locale e corsie preferenziali come partner commerciali del nuovo Stato.

La Procura aveva previsto degli arresti per queste vicende che non divennero mai operativi, per via di un conflitto di competenze con la Procura di Milano alla quale è stata in seguito trasferita l'inchiesta. Infatti la Cassazione, chiamata a esprimersi sulle competenze, informò d'ufficio gli indagati dei procedimenti a loro carico, vanificando l'utilità delle misure cautelari. G.T. non sarebbe l'unico ambasciatore del non-Stato di Cabinda, ci sarebbe anche un certo G.R., noto faccendiere, presidente di organizzazioni, associazioni, giornali online, una banca e perfino due partiti politici di cui uno in conflitto con Forza Italia per il simbolo, che si fa vanto di rappresentare il governo in esilio di Cabinda presso la Repubblica di San Marino; onorificenza conferitagli, a suo dire, direttamente dagli esiliati".

Il famoso G.R. dell'articolo di cui sopra è un "fratello" del funzionario universitario che un bel giorno presentò il più noto avvocato nolano.

Ma figuratevi: è proprio da sciocchi, per non dire altro, pensare di fare un colpo di stato con 30 uomini, ecco perché questi erano la *"massoneria dei quattro amici al bar"*. Faccendieri, truffatori, gente senza scrupoli sicuramente come si scoprirà dopo purtroppo, ma che si presentava con una faccia di perbenismo perché amici di tizio o caio, nipote di questo senatore o quel monsignore e così via… e quindi perché tirare in ballo me che solo avevo deciso di far parte di una associazione umanitaria e senza tra l'altro aver mai fatto una riunione ed inoltre aver firmato solo l'atto costitutivo per corrispondenza – fidandomi di queste persone perché presentate da quello che si ritenevo essere divenuto un buon amico e che invece tale non era e che solo danni ha provocato -, e senza sapere quindi cosa si tramava alle mie spalle? Si può pensare di segnalare una persona e fare di lui un complice di tutto senza che sappia nulla, abbia mai partecipato a nulla e così via, solo perché membro di una Associazione Onlus? Perché? Senza tra l'altro mai aver avuto un avviso di garanzia, essere mai stato indagato, un interrogatorio od altro o segnalazioni dalle procure e quindi senza essere mai stato ascoltato da chicchessia su queste vicende e quindi perché inserirmi nello SDI/CED, mortificando così l'uomo e la verità? Per incompetenza sicuramente e mancanza di sviluppo delle indagini... e quindi caro ex Capo-Sezione Dia, perché non sei andato a fondo delle questioni, come ha fatto invece il bravo e zelante Ispettore della Divisione Anticrimine della Questura di Potenza come già detto, prima di scrivere informative del tutto non pertinenti ad altre indagini ormai concluse anche con i processi finiti – come ad esempio a Milano con l'assoluzione di tutti gli indagati dal reato di associazione a delinquere finalizzata alla violazione della legge n. 17/1982 sulle associazioni segrete e violazione del D.LGS. n. 74/2000, nonché violazione alla legge 210/1995, ratifica ed esecuzione della convenzione internazionale contro il reclutamento, l'utilizzazione e il finanziamento e l'istruzione di mercenari, adottata dall'assemblea generale delle Nazioni Unite a New York il 4.12.1989 - perché il fatto non sussiste. Quindi cosa pensavano di scoprire sul sottoscritto che tra l'altro in tutte queste storie mai ci è entrato? Nulla, perché nulla c'è e c'era, non un solo elemento che potesse dimostrare alcun comportamento illecito e quindi perché? Si tratta allora o no di un complotto organizzato ad hoc e se sì perché? Se poi l'allora capo della squadra mobile di Benevento in conferenza stampa dice: "*La maggior parte degli iscritti alla loggia Colonna Traiana* – ha precisato il dirigente della Squadra Mobile Giuseppe Moschella – *non era al corrente della situazione e non ha alcun legame con le attività illecite riscontrate. In sostanza, è da considerarsi in buona fede*", bene, dico io: "*caro sig. Moschella, ma se la maggior parte degli appartenenti alla "loggia Colonna Traiana" erano all'oscuro di tutto, figuriamoci io che non ero neppure un loro iscritto, non sapevo dell'esistenza di questa "loggia Colonna Traiana" e nulla c'entravo con questi personaggi se non per avere partecipato per corrispondenza ad una associazione onlus, essere stato ospite a due/tre cene e, quindi, non sapere nulla di nulla di quello che facevano ed hanno fatto se non dopo che è scoppiato il caso, perché iscrivermi allo SDI/CED e soprattutto mesi e mesi (ben sette) dopo tutto quanto accaduto?*" quindi? incompetenza anche della squadra mobile di Benevento e del suo Dirigente nel fare le indagini o comunque le segnalazioni allo SDI/CED e perché? sempre per quella smania di protagonismo o di ricevere premi e riconoscimenti per delle operazioni fatte e non sempre bene, per poi andare a finire a fare i comandanti della Polizia Locale e come mai (questione di retribuzione? Mah!)?

Ma andiamo, però, un attimino a vedere cos'è veramente la Massoneria e la cosiddetta "Massoneria deviata", un tema tanto caro a coloro i quali la vogliono mettere in mezzo in qualsiasi situazione "come il prezzemolo nella minestra" e rappresentarla sempre come il diavolo e l'acqua santa, e poi, se si va a scoprire fino in fondo, alla fine loro ne fanno parte anziché io? Mah! Chi può dirlo?

LA MASSONERIA DI PALAZZO GIUSTINIANI E LE ALTRE "FAMIGLIE" MASSONICHE E LA "MASSONERIA DEVIATA" CHE HA IL SUO CULMINE NELLA P2

L'organizzazione ispirata e guidata da Licio Gelli, denominata Loggia Propaganda Due, nasce e si sviluppa nell'ambito della maggiore comunione massonica esistente in Italia: il Grande Oriente di Italia di Palazzo Giustiniani. Si rende pertanto necessaria una breve disamina della presenza massonica nel nostro paese e delle sue strutture al fine di comprendere e valutare nella sua esatta dimensione il fenomeno della Loggia massonica P2, oggetto di un apposito provvedimento di scioglimento votato dal Parlamento e quindi delle cosiddette "Logge deviate", simili a quelle per le quali hanno accostato il sottoscritto……

La massoneria italiana si compone di due maggiori organizzazioni o "famiglie", comunemente indicate con il sintetico riferimento alla sede storicamente occupata, come di Palazzo Giustiniani e di Piazza del Gesù; quest'ultima si configura a sua volta come promanazione della prima a seguito di una scissione intervenuta nel 1908, in ragione di contrasti attinenti l'atteggiamento da assumere sulla legislazione concernente l'insegnamento religioso nelle scuole. I massoni scissionisti di Piazza del Gesù abbandonarono l'anticlericalismo e si avvicinarono al mondo cattolico, per difendere gli interessi dei ceti dominanti dall'avanzata delle sinistre. Uno spostamento che portò l'istituzione a schierarsi con il fascismo, considerato un sicuro argine antisocialista.

Accanto a questi due gruppi di rilievo nazionale - la cui consistenza è valutabile in 21.000 iscritti per Palazzo Giustiniani e tra i 5-10 mila per Piazza del Gesù - sono presenti altri minori gruppi locali con una consistenza valutabile, per ognuno di essi, nell'ordine di alcune centinaia di iscritti.

Prendendo in esame le due organizzazioni principali, va messo in rilievo, ai fini che qui interessano, che il modello strutturale assunto è quello di una distribuzione degli iscritti secondo una scala gerarchica modulata per gradi. Questa scala gerarchica conosce una divisione fondamentale tra Ordine, comprendente i primi tre gradi, e Rito, comprendente i gradi dal quarto al trentatreesimo, talché, mentre tutti coloro che fanno parte del Rito sono necessariamente membri dell'Ordine, non necessariamente vale l'assunto contrario. Trattasi in altri termini di due livelli collegati ma non coincidenti, l'uno sopra ordinato all'altro secondo un modello di struttura verticalizzata che presiede a tutta l'organizzazione massonica, all'interno della quale poi la mobilità degli iscritti nella gerarchia è regolata dalla stretta applicazione del principio di cooptazione che determina ogni passaggio di grado, nonché l'ingresso nell'Ordine e poi nel Rito.

Gli iscritti, a loro volta, sono raggruppati in logge aventi base territoriale; e la domanda di iscrizione ad una loggia è requisito fondamentale per l'ingresso di un "profano" nella massoneria, per cui, in linea di principio, non si può appartenere alla massoneria se non attraverso il momento comunitario della iscrizione ad una loggia. La massoneria di Palazzo Giustiniani con altre "famiglie" contemplava, oltre a tale situazione, la possibilità di accedere all'Ordine per iniziazione operata direttamente dal responsabile supremo - il Gran Maestro - senza pertanto sottostare alla votazione che sancisce l'ingresso dell'iniziando nell'organizzazione. I "fratelli" che venivano iniziati "sul filo della spada" si venivano pertanto a trovare in una posizione particolare ("all'orecchio" del Gran Maestro) sia per non avere una loggia di appartenenza, sia per il carattere riservato della loro iniziazione, intervenuta al di fuori delle ordinarie forme di pubblicità statutariamente previste; essendo pertanto la loro iniziazione nota solo all'organo procedente: il Gran Maestro; e tali iscritti venivano designati come "coperti" ed inseriti d'ufficio in una loggia anch'essa "coperta" comprendente, per l'appunto, la lista degli iscritti noti solo al Gran Maestro.

Tale loggia veniva designata come loggia "Propaganda"; ogni loggia poi essendo contrassegnata da un numero oltre che da un nome, la loggia "Propaganda" avrebbe avuto in sorteggio il numero due. Tale almeno è la spiegazione fornita dai responsabili massonici sull'origine di questa denominazione.

Dalla vasta documentazione acquisita dalla Commissione Parlamentare d'Inchiesta sulla Loggia P2 nell'ambito di operazioni di perquisizione e di sequestro di documenti, secondo i poteri attribuiti dalla legge, è emerso che il fenomeno della "copertura" era comune alle altre famiglie ed interessava sia singoli iscritti che intere logge, rivestendo portata più ampia di quanto non rappresentato in questa prima schematica descrizione.

È accertato che, sia in sede centrale che in sede periferica, era assai frequente l'uso di denominazioni fittizie per mascherare verso l'esterno, verso il mondo "profano", la presenza di strutture massoniche. Così ad esempio era prassi consueta intitolare a generici *"Centri studi"* i contratti di affitto per i locali necessari all'attività della loggia; ed è dato rilevare come gli statuti di tali organismi non contenessero alcun riferimento alla massoneria e alle attività massoniche nel designare l'oggetto dell'attività dell'ente, salvo poi riscontrare una perfetta identità personale tra gli iscritti al Centro studi ed i membri della loggia. Nella linea del fenomeno descritto si poneva pertanto il Gelli quando intestava le varie sedi successivamente occupate dalla Loggia P2 ad un Centro studi di storia contemporanea che fungeva, anche a fini di corrispondenza tra gli iscritti, da copertura per l'organismo massonico da lui guidato. La tecnica impiegata realizzava una forma di copertura rivolta verso l'esterno, verso il mondo "profano", accanto alla quale deve essere esaminata una seconda forma di copertura rivolta in tutto od in parte all'interno della stessa organizzazione. Sono stati infatti rinvenuti documenti che fanno riferimento a logge coperte periferiche, ad una loggia coperta nazionale numero uno (presso l'organizzazione di Piazza del Gesù), ad un Capitolo nazionale riservato (presso il Rito Scozzese Antico ed Accettato di Palazzo Giustiniani).

Sono stati inoltre acquisiti registri di appartenenti a logge (piedilista) nei quali gli iscritti venivano elencati invece che con il proprio nome, con soprannomi o pseudonimi di copertura. La documentazione in possesso della Commissione Parlamentare d'Inchiesta sulla Loggia P2, ancorché frammentaria, testimonia in modo certo un "modus procedendi" all'interno delle organizzazioni massoniche improntato a connotazioni di riservatezza volte a salvaguardare le attività degli iscritti, o di alcuni settori, dall'indiscrezione e dall'interessamento non solo degli estranei all'istituzione, ma anche a parte, maggiore o minore, degli stessi affiliati alla comunione. Tale costume di vita associativa è stato dai massimi responsabili della massoneria rivendicato come una forma di riservatezza propria dell'istituzione, motivata dal rinvio ai contenuti esoterici che sarebbero propri della dottrina massonica, nonché dal richiamo a situazioni storiche di persecuzione degli affiliati. Ai fini che interessano nel nostro caso per capire di più il fenomeno e fare un distinguo tra "massoneria ufficiale" e "massoneria deviata", va posto in rilievo che i fenomeni di copertura indicati erano comunque largamente invalsi nella vita delle varie famiglie massoniche con riferimento al periodo anteriore alla legge di scioglimento della loggia P2 e traevano alimento, oltre che nelle ragioni storiche addotte, largamente superate al presente, nell'assenza di un preciso quadro di riferimento normativo che desse attuazione alla norma costituzionale in materia di libertà di associazione. È sintomatico peraltro che, posteriormente all'approvazione della legge di scioglimento della Loggia P2, gli elementi più sensibili della massoneria si siano posti il problema della ortodossia di tali modelli organizzativi, risolvendolo nel senso di alcune modifiche statutarie, con la conseguente soppressione di organismi quali il Capitolo riservato e la Loggia nazionale coperta numero uno, come avvenuto presso la comunione di Piazza del Gesù.

Accanto alla connotazione della riservatezza, altra peculiarità dell'organizzazione massonica generalmente considerata, sulla quale soffermare l'indagine, è quella dello spiccato interessamento delle varie comunità massoniche verso le attività del mondo "profano". Se è pur vero che uno dei Landmarks fondamentali della originaria massoneria inglese, che fungono da pietra miliare per le comunità massoniche di tutto il mondo, contiene il divieto di occuparsi di questioni politiche, una abbondante documentazione in possesso della Commissione Parlamentare dimostra che l'attività delle logge non è volta soltanto allo studio ed all'approfondimento di questioni esoteriche, ma abbraccia un vasto campo di interessi che trovano il loro momento di unificazione nella pratica massonica della solidarietà tra fratelli. La solidarietà esplica la sua funzione per le attività dell'affiliato nel mondo "profano", giungendo sino all'appoggio esplicito per i fratelli candidati, formalizzato in circolari tra gli iscritti, in occasione di consultazioni elettorali. Particolarmente significativo al riguardo è l'esempio di un modello organizzativo verificato presso la comunione di Piazza del Gesù: le camere tecniche professionali. Si tratta di organismi settoriali che, su iniziativa e propulsione del centro, raccolgono gli iscritti in ragione della professione esercitata. Viene pertanto affiancato al modello delle logge, che funzionano su base territoriale ed interprofessionale, un sistema di raggruppamento degli affiliati parallelo alla struttura delle logge ed organizzato su base nazionale, avente quale momento unificativo gli interessi e le attività "profane".

Secondo tale schema troviamo così raggruppati i medici, i professori universitari e i militari, esempio questo degno di particolare attenzione, ove si consideri che la relativa "camera" rivestiva carattere di riservatezza. Va peraltro posto in rilievo che una ragione non ultima della pluralità di famiglie massoniche esistenti va probabilmente ricercata - oltre che in ragioni di ordine puramente teorico - in una diversa consonanza di opinioni e di interessi in materie estranee alle questioni di esclusivo profilo esoterico. La stessa massoneria d'altronde rivendica a proprio merito l'aver rivestito un ruolo importante in vicende storiche del nostro paese, anche se, purtroppo, osta ad una esatta valutazione di tali affermazioni il carattere di riservatezza della istituzione, di cui si è trattato.

Nasce da questa propensione all'intervento nelle attività "profane" ed in essa trova ragione di esistere, l'istituto tipicamente massonico della "solidarietà" tra gli affiliati, ovvero della mutua assistenza che essi si garantiscono nell'esercizio delle loro attività professionali e comunque delle vicende personali estranee alla vita associativa.

La solidarietà tra fratelli rappresenta l'estensione al di fuori della comunione del vincolo associativo, che viene in tal guisa ad esplicare una efficacia di rilevante portata e nel contempo di difficile valutazione, attesa la riservatezza che gli affiliati mantengono nel mondo "profano" sull'esistenza del rapporto di reciproco affratellamento. La solidarietà massonica sanzionata in forma solenne al momento dell'iniziazione, costituisce infatti un elemento che potrebbe in sé considerarsi non solo legittimo ma perfettamente naturale, poiché appare logico che individui che dichiarino di condividere i medesimi convincimenti morali ed esistenziali in ordine ai problemi fondamentali dell'uomo si sentano legati da un forte vincolo che per l'appunto viene chiamato "fraterno".

Quello che induce non poche perplessità nell'osservatore esterno è l'accentuata riduzione in termini pratici e concreti di tale affratellamento e la sua coniugazione con un radicato costume di riservatezza. Non è in altri termini la solidarietà in sé e per sé considerata a destare legittime riserve, quanto piuttosto la sua non avvertibilità sociale. Una avvertibilità che tanto più dovrebbe essere consentita quanto più chi ne è protagonista attribuisce ad essa effetti di immediato rilievo terreno.

In definitiva e per concludere, sembra doversi rilevare il rischio che la solidarietà massonica, quando si traduca in una occulta agevolazione di successi personali, possa rendersi incompatibile con non poche regole della società civile, specie quando tale forma di solidarietà operi all'interno di carriere pubbliche.

Ultima connotazione di ordine generale utile ai nostri fini è la rilevanza dell'aspetto internazionale della massoneria, che si pone come un contesto di organizzazioni nazionali fortemente legate tra di loro secondo due schieramenti, che, per quanto concerne l'Europa, possono identificarsi in una parte a primazia britannica verso la quale è orientata la comunione di Palazzo Giustiniani, ed una parte di orientamento cosiddetto latino egemonizzata dalla massoneria francese, alla quale si ispira la famiglia di Piazza del Gesù. In un più ampio contesto argomentativo si può dire che la massoneria vive sotto l'egida del mondo anglosassone, nell'ambito del quale il primato attribuito agli inglesi per motivi di tradizione è confrontato dalla grande potenza organizzativa della massoneria nord americana.

UN PO' DI STORIA

Ai nostri fini il dato che viene particolarmente in luce è la connessione tra la massoneria statunitense e la comunione di Palazzo Giustiniani. Traccia di questi legami si rinviene nella presenza di tale Frank Gigliotti in momenti particolarmente qualificati nella storia recente della comunione di Palazzo Giustiniani.

L'artefice del primo riconoscimento del Grande Oriente da parte della prestigiosa Circoscrizione del Nord degli USA (il riconoscimento da parte della Gran Loggia Unita di Inghilterra verrà soltanto nel 1982) fu infatti nel 1947 da Frank Gigliotti, già agente della Sezione italiana dell'OSS dal 1941 al 1945, e quindi agente della CIA.

Più tardi Gigliotti fu presidente del "Comitato di agitazione" costituitosi negli Stati Uniti per rispondere all'appello lanciato dai fratelli del Grande Oriente impegnati nella contestata opera di riappropriazione della casa massonica di Palazzo Giustiniani confiscata durante il periodo fascista, a seguito dello scioglimento autoritario dell'istituzione. Il compromesso tra il Grande Oriente e lo Stato Italiano, patrocinato dai fratelli americani, fu siglato il 7 luglio 1960. L'atto di transazione fu sottoscritto dal ministro delle finanze Trabucchi e dall'allora Gran Maestro Publio Cortini, e vedeva presenti, al tavolo della firma di una stipula tutta italiana, l'ambasciatore americano J. Zellerbach e Frank Gigliotti.

Sempre nel 1960 i fratelli americani intervennero attraverso il Gigliotti nell'operazione di unificazione del Supremo Consiglio della Serenissima Gran Loggia degli ALAM del principe siciliano Giovanni Alliata di Montereale (il cui nome sarà legato alle vicende del golpe Borghese, a quelle della Rosa dei Venti, alle organizzazioni mafiose), poi finito nella Loggia P2, con il Grande Oriente. Sembra che quella dell'unificazione del Grande Oriente con la massoneria di Alliata, di forte accentuazione conservatrice, sia stata la condizione posta da Gigliotti in cambio dell'intervento americano nelle trattative con il Governo italiano concernenti il Palazzo Giustiniani.

L'unificazione comportò l'estensione al Grande Oriente del riconoscimento che aveva già dato alla Serenissima Gran Loggia di Alliata la Circoscrizione Sud degli USA, nonché numerosi elementi di prestigio nell'ambiente massonico. Non solo si deve rilevare, secondo quanto emerge da queste vicende, che il progetto di unificazione della massoneria italiana sembra corrispondere ad interessi non esclusivamente autoctoni, ma risalta altresì alla nostra attenzione la comparsa di Gelli sulla scena quando Gigliotti scompare, secondo una successione di tempi ed una identità di funzioni che non può non colpire significativamente. Si deve infine sottolineare come la denegata giustizia - nella quale sostanzialmente si concretò la mancata restituzione del palazzo confiscato dal fascismo - ebbe l'effetto di rendere la massoneria italiana indebitamente debitrice di quella nord americana.

Nell'ambito del quadro sinora sinteticamente tracciato, va vista e studiata l'attività di Licio Gelli e della Loggia Propaganda Due, mirando ad accertare quanto di tale fenomeno sia addebitabile all'impulso organizzativo ed alla intraprendenza personale del Gelli, ed in tal caso con la protezione e l'appoggio di quali organi e di quali personaggi nell'ambito dell'ambiente massonico o eventualmente estranei ad esso.

Licio Gelli, volontario nella guerra di Spagna a diciassette anni a fianco dei Franchisti, responsabile dei GUF fascisti di Pistoia e membro della brigata autonoma Ettore Muti della

Repubblica Sociale, nel 1944 decise di collaborare con i partigiani e col servizio di controspionaggio americano in Italia di James Angleton. Il generale americano reclutò diversi ufficiali della Repubblica Sociale, tra i quali Gelli stesso, allo scopo di fronteggiare il pericolo rosso. Licio Gelli firmò la domanda d'ammissione all'iniziazione massonica il 6 novembre 1963, ma i suoi trascorsi ne rallentarono l'accoglimento. Sembrò inverosimile l'ingresso di un ex gerarca fascista all'interno di un'organizzazione che per anni era stata perseguitata e che venne sciolta proprio dal Fascismo. Poi, nel 1965, venne ammesso alla Loggia Romagnosi grazie all'intervento del vertice massonico di Palazzo Giustiniani, il Gran Maestro Giordano Gamberini, al quale Gelli venne raccomandato dal Gran Maestro aggiunto della Loggia Propaganda Due Roberto Ascarelli. Gamberini, uomo di fiducia della Cia, vide il passato di Gelli come un elemento di garanzia per la linea anticomunista dell'organizzazione ed il 28 novembre 1966 decise d'inserirlo nella Loggia P2 elevandolo al grado di Maestro. Sebbene non avesse alcuna carica rilevante al vertice del Grande Oriente, nel 1969 venne incaricato d'operare per l'unificazione delle varie comunità massoniche. A pochi anni dalla sua partecipazione all'Ordine, dunque, Gelli si trovò a ricoprire un ruolo di rilievo ed in modo completamente personale, sia per la responsabilità delle questioni affidate alla sua gestione, sia per il prestigio della sua posizione. Quando nel giugno 1970 il nuovo Gran Maestro Lino Salvini gli delegò la completa gestione della Loggia P2, conferendogli la facoltà d'iniziare nuovi iscritti, Licio Gelli aveva già svolto un intenso lavoro di reclutamento. Nel settembre successivo verrà nominato segretario organizzativo, assumendo la possibilità di predisporre un piano per la ristrutturazione della stessa Loggia. Un organismo, dunque, che assunse le caratteristiche di forte personalizzazione anche nella denominazione, che divenne quella di «RaggruppamentoGelli-P2»; un processo che diede l'avvio all'appropriazione personale della struttura stessa. Nel giro di pochi anni ed attraverso posizioni di rilievo strategico la condizione occupata nella massoneria di Gelli aumentò di prestigio e potere per consapevole volontà dei massimi responsabili della comunione, i quali, affidarono la Loggia Propaganda ad un elemento dalle idee ben precise e chiare. Posto al vertice della Loggia P2 col potere d'affiliazione, Gelli s'impegnò ad incrementare il reclutamento, soprattutto tra gli appartenenti dei servizi segreti e tra gli ufficiali delle forze armate e riorganizzò la Loggia adottando nuove misure di segretezza. La P2 divenne il gruppo massonico con il maggior numero d'adesioni d'Italia. La Loggia subì una marcata trasformazione e venne impostata su criteri di assoluta segretezza, inoltre venne istituito uno schedario in codice la cui chiave era nota solo a Gelli. Caratteristiche basilari della massoneria furono riservatezza ed aiuto reciproco. Gelli procedette ad accentuare questi due fattori, in particolar modo rafforzando maggiormente l'indispensabile segreto di copertura, necessario per proteggere tutti coloro che per varie motivazioni dovevano restare occulti. Nella Massoneria la Loggia è la struttura di base territoriale e sono i suoi aderenti a decidere, attraverso votazioni, l'ammissione di nuovi adepti; la P2, invece, ha base nazionale, ed è solo il Gran Maestro a stabilire le nuove affiliazioni. Il «diritto di visita», ovvero la possibilità d'entrare in qualsiasi altra Loggia e conoscerne l'attività, verrà abolito da Gelli. I massoni hanno l'obbligo di riunirsi periodicamente; gli affiliati P2, a dispetto della nota di Salvini, non si riunirono molto spesso, per non conoscersi tra di loro. Solo Gelli, in casi eccezionali, organizzò incontri riservandosi il diritto di scegliere i partecipanti. Il 5 marzo 1971 Gelli organizzò una di queste rare riunioni. Secondo il verbale furono presenti trentasette massoni piduisti; le tematiche all'ordine del giorno furono la minaccia del Partito comunista italiano, in accordo con il clericalismo (i catto-comunisti), per la conquista del potere; la mancanza di potere nelle Forze dell'ordine; quali rapporti avere con lo Stato italiano; quale posizione assumere in caso d'ascesa del potere clerico-comunista. Nel 1974 vennero alla luce alcuni gravi scandali che ebbero per protagonisti uomini affiliati alla Loggia P2 come, ad esempio, il banchiere Michele Sindona ed il generale Vito Miceli, capo del Sid, che venne arrestato nell'ambito dell'inchiesta sull'organizzazione eversiva «Rosa dei venti» e sul «Sid parallelo». Temendo un coinvolgimento del Grande Oriente nelle indagini, il Gran Maestro Lino Salvini decise di prendere le distanze da Gelli. La maestranza di Palazzo Giustiniani paventava infatti che l'istituzione venisse coinvolta, nel caso le trame piduiste fossero state scoperte. Fu così che nella Gran Loggia tenutasi a Napoli il 14 dicembre 1974, con voto quasi unanime, venne stabilita la demolizione della Loggia segreta P2. Il 30 dicembre Salvini abrogò gli ordinamenti speciali della Loggia e le deleghe che lui stesso aveva conferito a Gelli nel 1970. Chiese agli appartenenti della Loggia coperta se volessero confluire in organismi regolari o se desiderassero mantenere la loro posizione: nonostante fosse stata votata ufficialmente la demolizione, Salvini desiderò mantenere in vita la P2, escludendone solo Licio Gelli. Il 20 febbraio 1975 Licio Gelli sottopose ad alcuni massoni dei documenti secondo i quali il Gran Maestro Salvini sarebbe stato coinvolto in una manovra d'indebita appropriazione di denaro. Questa congiura si concluse con l'incarico affidato all'avvocato Martino Giuffrida, anche lui aderente alla massoneria, d'accusare il Gran Maestro nel corso della successiva Gran Loggia che si sarebbe tenuta a Roma il 22 marzo. All'Hotel Hilton di Roma l'avvocato svolse il suo incarico accusando Salvini d'avere incassato in nome della Massoneria mezzo miliardo di lire e d'aver tenuto tale quantitativo per sé. Dirà successivamente l'avvocato Giuffrida alla Commissione d'inchiesta sulla Loggia Propaganda Due: «In sostanza, io ero stato reclutato per un basso gioco di potere all'interno della Massoneria, e dovevo servire soltanto per portare a un capovolgimento all'interno delle istituzioni». Non a caso Gelli stazionò nei corridoi dell'albergo; e non appena Salvini uscì dalla sala dell'assemblea fu pronto a proporgli un accordo garantito da lui e dall'ex Gran Maestro Gamberini. La proposta venne accettata e subito dopo la breve pausa della Gran Loggia, venne presentata una mozione di fiducia nei confronti del Gran Maestro. Il ricatto funzionò; il 9 maggio 1975 Salvini nominò Licio Gelli Maestro Venerabile della Loggia P2, mentre tre giorni dopo avvenne la ricostituzione della Loggia. Una carica ed un grado che nessun maestro ha mai conferito ad alcuno nell'intera storia della Massoneria italiana, una violazione dei principi base: secondo gli antichi statuti massonici, infatti, i dignitari di una Loggia devono essere eletti dalla base dei fratelli. Gelli diventò il padrone assoluto della Loggia segreta mentre il Gran Maestro si limitò ad un finto diritto d'ispezione, impossibilitato nei confronti dei possibili ricatti gelliani. I nuovi provvedimenti varati da Gelli diedero luogo ad una doppia P2: una ufficiale, con una lista di pochi iscritti depositata presso Palazzo Giustiniani come solida copertura; e una segreta con molti più iscritti. In futuro Salvini, interrogato dalla Commissione Parlamentare, tenterà di giustificarsi affermando: «d'essersi mosso nell'intento di salvaguardare l'unità dell'Istituzione, in quanto Gelli era in grado di provocare una scissione portando con sé nella Loggia di Montecarlo tutti gli affiliati P2». In sette anni l'attività di missione di Gelli pervenne a dimensioni di gran lunga superiori la portata dell'iniziale progetto conosciuto dal Grande Oriente. Rilevanti le adesioni, tra cui spiccarono figure importanti a livello nazionale dei settori della pubblica amministrazione, del settore civile, economico, militare, editoriale e politico.

Nonostante l'associazione avesse un vertice, il Dominus assoluto nella figura del Venerabile Maestro Licio Gelli, la sua struttura venne modellata al fine di realizzare una notevole suddivisione della vita sociale e dei rapporti tra i soci.

Quanto qui preme riassuntivamente segnalare è che l'organizzazione e l'attività massonica sembrano contrassegnate, ai fini che al nostro studio interessano, dall'adozione di forme di riservatezza, interne come esterne, sia della vita associativa, che dell'appartenenza individuale. Tale riservatezza si appalesa poi come posta a tutela, oltre che dell'attività di indagine esoterica propria dell'istituzione, di attività volte eminentemente ad intervenire in vario modo nella vita extra-associativa degli iscritti, in applicazione della pratica della solidarietà tra fratelli. Ecco perché bisogna fare il distinguo di cui sopra, proprio perché per chi non avesse dimestichezza con l'argomento, il termine "massoneria" potrebbe evocare finalità poco limpide, soprattutto a fronte delle implicazioni con la P2, come descritto ampiamente e altre associazioni segrete nate all'interno della stessa fratellanza del Grande Oriente. Dalla costituzione del GOI si scopre invece che l'associazione non ha nulla di illegale o illecito, anzi: *"Il Grande Oriente d'Italia — Palazzo Giustiniani, è storicamente la prima comunione massonica italiana, dotata di regolarità d'origine, essendo stata fondata nel 1805 da un corpo massonico debitamente riconosciuto; essa è indipendente e sovrana; presta la dovuta obbedienza ed osserva scrupolosamente la Carta Costituzionale dello stato democratico italiano e le leggi che ad essa si ispirino. Si raccoglie sotto il simbolo iniziatico del G.A.D.U.*

È costituito da tutte le logge regolarmente fondate alla sua obbedienza ed è retto da una giunta presieduta dal Gran maestro, con sede in Roma".

".....Fatti propri gli antichi doveri, persegue la ricerca della verità ed il perfezionamento dell'uomo e dell'umana famiglia, opera per estendere a tutti gli uomini i legami d'amore che uniscono i Fratelli, propugna la tolleranza, il rispetto di sé e degli altri, la libertà di coscienza e di pensiero ... Non tratta questioni di politica e di religione..... inizia solamente uomini che siano liberi e di buoni costumi, senza distinzione di razza, cittadinanza, censo, opinioni politiche o religiose.... si ispira al trinomio: Libertà — uguaglianza — fratellanza".

Quindi come si può pensare di unire e far partecipe una persona per delle telefonate o il voler fare del bene, ognuno con i suoi distinguo e le sue caratteristiche nei propri ambiti, con personaggi poi che fanno parte dei "quattro amici al bar" anziché di organizzazioni molto più serie e riconosciute ed ovviamente secondo legge per chi è anche uomo di legge? È una offesa all'intelligenza delle persone mettere in dubbio tutto questo, oltre al fatto che chi fa determinate indagini non può fare di tutto un pot-pourri e mischiare cose che non c'entrano tra di loro se non per semplici coincidenze così come è avvenuto nel mio caso, che per fare del bene ci si è trovati invischiati in cose di cui neppure si poteva immaginare e si era a conoscenza, con personaggi che carpendo la mia buona fede e di altri, facevano solo i propri illeciti interessi ed inoltre mettermi in mezzo a tutto questo dalla cattiveria di chi e perché in quella che è la storia di un assurdo intrigo?

LE INDAGINI...COME VENGONO SVOLTE?

Ed ecco allora che ci si chiede come vengano svolte le indagini. Questo è il più grande interrogativo che ci si pone dopo quanto detto precedentemente e dopo aver vissuto situazioni sulla propria pelle. Perché hanno voluto tirare in ballo proprio me, per mezzo di informative ed altro, che nulla c'entro? Hanno voluto un attore non protagonista e perché? Farmi vincere l'oscar come miglior attore non protagonista di quello che è un film noir, dai contorni grotteschi però. E perché si accaniscono in maniera così violenta e cattiva ed a tappe ben precise? ***Certamente una forte pressione illecita c'è stata ed essa ha ottenuto l'effetto che voleva: la mia testa.*** Cosa invece vogliono loro nascondere e perché deviare e continuare a deviare l'attenzione su una persona che non c'entra nulla o unire fatti, come abbiamo visto e vedremo ancora innanzi, che tra di loro nulla c'entrano? Come vengono svolte quindi le indagini? e come sono state svolte le indagini dagli organi preposti nel tempo? in modo "pedestre" sicuramente e con piste investigative sbagliate, sennò non si arrivava a vedere e sentire quanto è accaduto in questi anni nella nostra cittadina e non solo; tra l'altro basti pensare che "leggendo sempre documenti sul solito quotidiano che caso strano è l'unico ad avere sempre tutti i documenti di prima mano ed in anticipo", bisognerebbe dire a chi svolse le indagini allora che se una certa informativa si rifà a vent'anni fa o se dovesse rifarsi ai tempi nostri e quindi a chi le ha fatte ora, che mai io sono stato addetto alla Segreteria dell'Arcivescovo Metropolita Mons. Appignanesi, ed inoltre nel 1993 – dal mese di Marzo - c'era appunto Mons. Appignanesi che proveniente da Matera non ha mai avuto nessuno addetto in segreteria ed a quel tempo si occupavano della casa e della segreteria le suore che abitavano in casa con lui, soprattutto quando non c'era lui (tra cui la zia suora del "giornalista-violinista", come fonti ben informate ci hanno riferito, che era la superiora della casa,)... *pertanto l'informativa che si legge sul giornale La Gazzetta del Mezzogiorno del 18/11/2011 è un falso palese,* sia per le presunte celebrazioni alla chiesa della SS. Trinità e sia in quanto addetto alla segreteria dell'Arcivescovo Appignanesi, le solite false notizie pubblicate dal solito giornalista mistificatore, come l'altra già precedentemente citata, il quale si fa sempre scudo dall'averle attinte da verbali che comunque manipola però sempre a suo uso e consumo (come quello delle molestie telefoniche) e comunque ci dispiace molto che un "collega giornalista" si comporti così. Tra l'altro se mai avessi sostituito il parroco della SS. Trinità 20 anni or sono, come mai allora non fui mai interrogato? Perché è tutto falso! Infatti l'unico interrogatorio, e non si capisce il perché, è stato fatto solo ora dopo il ritrovamento dei resti della povera Elisa, anche se come persona informata sui fatti, ma poi non si capisce di quali fatti non sapendo io nulla, così come volermi teste durante il processo cosiddetto "alle donne delle pulizie" di quella Chiesa sul ritrovamento del corpo della giovane Claps. Ed infatti volendo prendere in esame il periodo dei miei primi dieci anni di sacerdozio, le celebrazioni da me fatte, come sostituto od in occasioni di cerimonie come matrimoni od altro nella Chiesa della SS. Trinità dal maggio 1989 (quando divenni sacerdote) al gennaio 1998, sono così suddivise:

1989: 21 giugno (matrimonio di mia sorella) e 18 agosto

1990: MAI

1991: 16 luglio e 7 agosto

1992: MAI

1993: 7 aprile (Trigesimo di mio Zio Francesco)

1994: 11 e 14 luglio

1995/1996/1997 e Gennaio 1998: MAI

Tutto documentato dal registro delle Sante Messe personali che si scrive quotidianamente e che già in copia sono apparse in un articolo di giornale nel quale chiaramente si legge come quella famosa domenica io non celebrai alla SS. Trinità, tra l'altro non essendo in città, ma nelle mie parrocchie di campagna.

Inoltre da tener presente è che se ognuno facesse il suo lavoro in modo serio e pensasse solo a fare il suo lavoro tante cose non sarebbero successe e non succederebbero e quindi ribadisco: le Forze dell'Ordine facciano le indagini in maniera seria, la Magistratura vagli e decida liberamente e senza alcuna pressione, i Sacerdoti anziché fare gli investigatori-informatori pregassero e diano conforto come dice Nostro Signore Gesù Cristo, i Parenti delle vittime pregassero anche loro – se credono - e chiedano giustizia e verità come è giusto che sia, anziché vendetta alimentando odio a destra e a manca, e non rispettando neppure la sacralità della morte dei loro cari ma su di loro alla fine solo speculare per i propri interessi come di chi si vuol mettere a posto la propria coscienza e chissà perché divenendo altri attori od attrici in tv e sui giornali perché altro non sanno fare, ed infine i Giornalisti facciano il loro lavoro di investigazione ma in maniera seria cercando le giuste notizie secondo verità e non solo per aumentare lo share o vendere copie di giornale o di libercoli e quindi ergersi ad investigatori, giudici e tribunali, poi condannando sempre chi loro hanno deciso mortificando l'uomo e la verità e mai chiedendo scusa se sbagliano e così via….

E poi sorridiamo quando leggiamo certe frasi sui giornali: *"non ci sarà sosta fino a quando non sarà fatta intera luce sull'omicidio e le complicità, ma qualcuno fa di tutto perché questo non accada"* … Certo! se vanno alla ricerca della persona o delle persone sbagliate e chissà perché? come mai potranno fare luce? Rimarranno sempre al buio e poi dobbiamo capire perché, come si recitava ne: *"I segreti di Twin Peaks"*, un noto serial americano degli anni '90: *"I gufi non sembrano essere quelli che sono"*… chi ci dice che….. *"non è sempre vero ciò che si vuol far credere o far apparire"* così come dice il "popolino"… sono tanti gli interrogativi che ci si pone in queste situazioni… ma forse perché oramai agli onori delle cronache allora non si va ad indagare a fondo anche su chi invece "sputa" sentenze a destra e manca?

".....Chiunque infatti fa il male, odia la luce, e non viene alla luce perché le sue opere non vengano riprovate. Invece chi fa la verità viene verso la luce, perché appaia chiaramente che le sue opere sono state fatte in Dio". (Gv. 3, 16-21)

Ecco perché viene meno poi l'affezione alle istituzioni e quindi paga il giusto per l'ingiusto… ne vanno di mezzo persone innocenti, istituzioni di tutto rispetto ed anche comunità che si vedono additate a chissà cosa per colpa di pochi o di chi non ha saputo e non sa fare il suo lavoro, o per colpa di chi vuole solo mettersi in mostra dando anche false indicazioni unicamente perché tizio o caio gli è antipatico o fa parte di un piano ben preordinato per distruggerlo per chissà quale interesse. Ecco perché poi ci sono casi in cui non si riesce a trovare il bandolo della matassa, ma dove tutto è il contrario di tutto e la verità e la giustizia non escono e non tanto per chi è rimasto, *ma per chi non c'è più in mezzo a noi,* per chi ha sofferto in maniera violenta o no il sopruso di qualcuno o di una società che non ha saputo bene educare al vivere comune. E non vuol essere un piangersi addosso o puntare il dito contro qualcuno od entrare nel merito degli errori che sono stati fatti nel tempo, perché di errori ce ne sono stati e non pochi, ma vuol essere una riflessione ad alta voce perché si prenda coscienza che qualsiasi lavoro si svolge nella vita, qualsiasi attività o missione si svolge nella quotidianità, deve essere fatta non per i propri interessi o per quelli di pochi, ma per il bene della collettività e fatta con il massimo della scrupolosità e per il bene di quanti, vittime innocenti, che hanno subito la violenza fisica o mediatica, si trovano coinvolte.

I SILENZI DI CHI È PREPOSTO A DIFENDERE… "LE ASSENZE CHE PESANO"

Questa poi è la parte più dolorosa della vita, pensare di avere la "solidarietà" e cioè di chi ti può dare conforto e può dire che sono tutte menzogne quelle che si dicono e sono dette e vengono dette a tappe ben precise ed invece non lo fa perché attua una politica pilatesca o giù di lì tra l'ipocrita, l'indifferente e il furbesco, o perché ha dentro di sé quel dubbio che forse qualcosa è stato commesso, mancando di fiducia verso chi invece l'ha sempre dimostrata e comunque, dubbio assurdo che è stato seminato ed inculcato da chi si erge a paladino di false verità e vuol nascondere chissà cosa portando avanti le loro assurde tesi, facendo incolpare persone innocenti. Pertanto chi di dovere, che avrebbe dovuto dare uno **stop** e tutelarmi, nulla ha fatto, non hanno avuto la volontà di risolvere subito la questione. Fra tutte le voci amiche due sole hanno taciuto ed il loro silenzio è una vera grande sconfitta. Quelle voci sono: quella dei confratelli e degli "amici" della Polizia. La voce della seconda famiglia, quella della Chiesa, e la voce di chi ha visto giorno dopo giorno l'onore di essere servito quale popolo di Dio a me affidato, quella della famiglia della Polizia di Stato. Per giorni si è sperato che queste voci si levassero per impedire o attenuare il linciaggio mediatico di cui sono stato ingiusta vittima. Non una voce, non un commento, non un segno di pietà per me e la mia famiglia se non da pochissimi che si contano sulle punte delle dita, come nel giorno del mio 25° anniversario di ordinazione sacerdotale, dove c'è stato l'assoluto silenzio e neppure un augurio se non da parte dei pochi veri amici e qualche confratello.

E perché?

Perché gli unici a dare conforto sono quelli della famiglia di sangue, ed i pochi veri amici e confratelli che non hanno paura di schierarsi dalla parte della verità e dell'innocenza e non dalla parte di chi, solo e sempre perché agli "onori" mediatici ed alle "luci della ribalta" in quello che è un gioco delle parti, si può permettere di pontificare contro tutto e tutti, con la certezza di non essere sfiorato nemmeno da un minimo dubbio che possa c'entrare qualcosa in tutte queste vicende e non come "vittima" ma come "carnefice". Oggi chi tocca alcuni fili muore. Fa parte della degenerazione del sistema di cui abbiamo parlato. Un simile sistema può trasformarsi in una maionese impazzita e non è affatto detto che a "morire" siano sempre gli stessi. Occorre fermare questa deriva ancorata solo a forme di esercizio del potere da parte di alcuni, affinché la giustizia torni a essere sempre e in tutte le sue forme un servizio a tutela del cittadino, libero da qualsiasi tipo di condizionamento. La vera democrazia di un Paese nasce da questo fondamentale presupposto.

Alla fine, pertanto, ci sono due tipi di persone che ti diranno che non puoi rappresentare la differenza nel mondo: *"quelle che hanno paura di tentare e quelle che hanno paura che tu ce la faccia."*

E quindi veder venire meno la solidarietà dei "confratelli" se non di pochi, gli altri perché intenti ai loro affari o perché invidiosi poi di non si sa cosa, come di alcuni colleghi direttori degli uffici diocesani inesistenti come quello delle comunicazioni sociali, che si è mosso solo quando in maniera ignominiosa, calunniosa e delinquenziale e vendicativa hanno offeso il nostro Pastore sempre seminando il dubbio di chissà cosa (e la "chiesa buona", il don Cozzi dov'era quando hanno attaccato l'Arcivescovo e perché non è uscito con comunicati? Mah! Sempre per il famoso gioco delle parti? ***Certo è che non si capisce come mai però il Pastore non abbia dato uno stop fermo e definitivo anche ai comportamenti di don Cozzi - che ha sempre fatto il doppio se non il triplo gioco – e che anzi gli abbia permesso invece di essere anche suo rappresentante in alcune situazioni particolari… come in talune trasmissioni televisive… mah???*** quindi al lettore lasciamo di capire ancora una volta il perché di tutte queste cose….), ed invece quando sono stato attaccato in maniera massiccia, quando è stata scatenata una massiccia campagna mediatica di fango di mesi e mesi, nessuna solidarietà né pubblica né privata, anzi…. la vicenda avrebbe dovuto comportare immediate conseguenze a tutela della giurisdizione da parte di chi era tenuto a farlo. Uno stop duro e fermo a quella deriva avrebbe cambiato il corso delle cose e non avrebbe consentito quello che penso sia avvenuto in questi anni, ovvero una costante e dannosa perdita di prestigio di determinati Uffici sia della Questura che della stessa Curia, ma forse il vero problema è tutto qui. **Il silenzio.** Un silenzio assordante, come già detto, che ha reso un'intera classe sociale, che l'ha fatta apparire all'opinione pubblica, come un parassita. Un virus causa di tutti i mali della nostra terra. Ma col senno di poi, come si dice, sono piene le fosse. E viene qui in mente quanto scrive San Paolo a Timòteo: *"Nella mia prima difesa in tribunale nessuno mi ha assistito; tutti mi hanno abbandonato. Nei loro confronti, non se ne tenga conto. Il Signore però mi è stato vicino e mi ha dato forza, perché io potessi portare a compimento l'annuncio del Vangelo e tutte le genti lo ascoltassero…."* (2Tm 4,6-8.16-18). Per questo fui invitato a fare altre scelte (praticamente mandato in esilio), al di fuori della mia città e regione e nazione come se fossi io il male e la causa di tante situazioni, quando invece fui solo vittima e vittima sacrificale anche da parte appunto dei vertici della Curia e della stessa Questura e non avrei mai immaginato di lasciare in questo modo la mia casa, quando altri invece….

La solita storia dell'essere forti con i deboli o per meglio dire con chi fa ed ha fatto sempre l'obbedienza come il sottoscritto e l'essere debole con i forti o coloro i quali "ricattano" in un modo od in un altro. Il mito narra che aperto il vaso di Pandora uscì tutto tranne la speranza, ma alla fine fuggì anche quella. Noi viviamo anche di speranza, sperando che un giorno arrivi la verità, la risposta a tante domande e soprattutto la giustizia, perché non accada più che si possa "*prendere le distanze al solo sospetto di…. solo perché è considerato l'anello debole….*", oppure come quelli per i quali mi fu affidata l'assistenza spirituale, ma siccome proprio anche da lì nasce la cattiveria gratuita e le pugnalate alle spalle e chissà perché? forse sempre per quelle aspirazioni di carriera sulle spalle degli altri e quella smania di protagonismo…. ed allora non si può certamente attendere qualcosa di buono od una parola di solidarietà da chi ha ordito il complotto o ne è stata la "longa manus", essendo la regia ancora ignota… ed anche l'ignavia di chi è preposto al comando e l'essere "pilatesco", tra l'ipocrita, l'indifferente e il furbesco che dir si voglia anche qui, lascia molto a desiderare e ciò fa capire come ognuno metta in pratica il motto: *"Dove vige la paura non avrai onestà".*

Ed è proprio vero che dove vige la paura non si ha e non si avrà mai il coraggio di difendere chi ingiustamente accusato. Purtroppo è molto semplice o comodo, per taluni nell'ambito ecclesiale e civile, aiutare i "poveri" o coloro verso i quali non bisogna mettere in "mostra la propria faccia" e cioè impegnarsi in prima persona a far sì che, senza distinzione di ceto o classe sociale, si difenda chi è vittima di ingiustizie, come nel caso del sottoscritto. Manca il coraggio delle proprie azioni a tutti i livelli, dalla Chiesa alle Forze dell'Ordine, dalla Politica alla Società Civile in quanto tale, perché è molto più comodo non avere problemi di alcun genere, soprattutto per non essere ripresi da chi invece è abituato a scrivere, parlare e sentenziare senza alcun costrutto ed accusando a tutto tondo e, quindi, mettere in essere l'antico adagio *"quieta non movere sed mota quietare"* – *"Non agitate ciò che è calmo, ma calmate ciò che si agita"*.

Quindi il fatto di cambiar versione su come gli può far comodo è importante per farci capire come sono queste persone e come abbiano almeno una responsabilità morale di quanto accaduto, perché, tra le altre cose ad esempio, una volta si è funzionari di polizia un'altra volta no; quando si tratta di accusare in maniera assurda senza aver letto le carte allora mi si dice: *"Un Funzionario di Polizia non può permettersi di dire o suggerire certe cose"* (cfr. R. Panico - il riferimento è alla tanto palesata affermazione delle lettere anonime nel caso Esposito - che esce dalle registrazione fatte da chi in maniera subdola e traditrice dell'altrui fiducia ha posto ciò in essere e cioè fatte dal padre della povera Anna, anche nel segreto della confessione sacramentale e poi manipolate a proprio uso e consumo così come fatto anche da giornalisti suoi sodali in maniera delirante nei loro libercoli); o quando mi fu detto, quando avevo fatto un passo indietro da quella questura per rispetto dell'istituzione mesi dopo che ci fu il ciclone: *"Se fossi stato un mio Funzionario allora avrei potuto dire qualcosa, ma chi è causa del suo male pianga se stesso"* (cfr. R. Panico), quindi lo si è o no funzionari di polizia?, o si è buoni solo quando si "serve" in un modo od in un altro e poi, nel momento del "bisogno", quando si tratta di combattere contro il "male, la cattiveria, la calunnia ed il nulla" improvvisamente ci si dimentica di tutto e dell'aver instaurato anche un rapporto "amicale"? anche qui, quindi, ad uso e consumo per la propria tranquillità e ignavia, chi tra l'altro dopo aver ricevuto tanto ed anche ben due riconoscimenti dal Presidente degli Stati Uniti (cfr. allegati; che se si fosse presentato quale era veramente cioè un personaggio pessimo, non avrebbe ricevuto nulla sicuramente), grazie al sottoscritto suo cappellano, neppure un grazie se non l'essere stato solo come Marco Giunio Bruto Cepione….. ma d'altronde dall'uomo degli *"innocenti depistaggi"* (cfr. R. Panico) e da parte dei suoi vari accoliti, che ci si poteva aspettare?

E invece si dice anche: causa del suo male? aver fatto semplicemente il proprio dovere di sacerdote e di cappellano della polizia nel cercare di confortare un "padre disperato" per la morte tragica della figlia poliziotta, che tale voleva apparire ma che così si rivelerà non essere stato mai, ma invece abile calcolatore per i propri interessi e manipolatore della verità per tacitare la sua coscienza, avallato poi in futuro tra l'altro dalla cosiddetta "Chiesa buona", dal signor professione fratello, dal giornalista cosiddetto "bravo cronista" ecc…ecc…

E poi cosa ne sapete voi del caso Anna Esposito che allora non c'eravate, mentre chi di dovere ha vagliato tutto sia a Potenza (Questura) che a Roma (Ministero) e per loro l'operato del sottoscritto è stato ineccepibile, perché false e subdole certe affermazioni fatte anche in registrazioni palesemente falsate e non solo…

Quindi perché vi ergete anche voi a giudici di situazioni per le quali nulla sapete, condannando un innocente e senza alcuno straccio di prova, ma anzi palesando il fatto che se si è colpevoli è bene che ci sia anche il carcere? (cfr. R.Panico) Ma cosa dite, siete fuori di testa o cosa? E solo per vostra estrema tranquillità e perché uomo di pace che io ho fatto un passo indietro da quella questura, da voi parte di covo di Cobra Reali, ma continuando il mio servizio e la mia collaborazione in Roma e da Roma (Ministero dell'Interno) dove tutto ciò è stato sì apprezzato ma dove è stato anche detto che si poteva evitare e rimanere quindi al mio posto di Cappellano a Potenza, *"perché erano e rimangono solo chiacchiere di qualche "scribacchino/a" e basta"*, e non solo di questa povera terra che non avrà mai il coraggio di alzarsi ma sempre di piangersi addosso e ripetere come un "libro strappato" le stesse cose da sempre a tutti i livelli, ed per questo che mi è stata chiesta comunque la continuazione della collaborazione nella Polizia a livello centrale e internazionale....

La scelta quindi di fare un passo indietro è stato solo l'ultimo atto di un cammino progressivo di isolamento all'interno del mio ufficio che imputo all'azione di personaggi collegati a un gruppo di potere finalizzato alla mia delegittimazione professionale e personale, per mezzo di un linciaggio senza precedenti, quel gruppo occulto di potere di cui invece fa parte don Cozzi ed i suoi sodali. Non dovevo essere credibile così non sarebbero state credibili le scelte fatte o quanto da me affermato. Quando la calunnia si è trasferita dai corridoi alle sedi istituzionali e da là alla diffusione mediatica non ho potuto più limitarmi a resistere ma ho dovuto agire a mia tutela.

La scelta di fare un passo indietro è stato un atto consequenziale di rispetto nei confronti dell'istituzione Polizia, non potevo trascinare l'ufficio in una strumentale campagna giornalistica di veleni e corvi così come è stata definita da taluni. Ho preferito pormi il problema del prestigio di una istituzione assumendomene la responsabilità, non avendo comunque mai abusato della mia posizione ed il riserbo da me adottato, che è stato scambiato per imbarazzo, era dato solo dal rispetto che nutrivo e nutro per il lavoro di determinate istituzioni. Certo, con rammarico, ancora una volta, bisogna constatare che chi in tale vicenda aveva il dovere di porsi a tutela di tale prestigio già da tempo ha mancato, ma noi siamo sacerdoti e perdoniamo sempre. Non si poteva non tenerne conto, nemmeno di fronte alle omissioni, nonostante il difficile momento emotivo e la sofferenza causata dal processo mediatico, non si è smarrita la strada.

Pertanto ancora una volta mi chiedo, come mai anche in questi ambiti, come in altri già citati, non si ergono degli scudi a protezione nella buona e nella cattiva sorte e qui nessuno, ribadiamo nessuno, sapendo la verità che è stato tutto un complotto e che nulla c'entravo e c'entro, non ha alzato un dito a difesa? Perché? Serviva quindi il "capro espiatorio"? Ed a chi? A chi non sa più cosa fare per vivere dopo queste vicende o no visto che ci si vuole buttare anche in politica? A chi deve e vuole fare carriera per meriti speciali e neppure ci riesce? A chi vuole andare via da questa città (Potenza) perché stanco e stufo di stare in provincia – provincia che comunque gli ha permesso di fare carriera - e dire di essere il migliore altrove? A chi dunque e perché? Bisognava la figura di una persona di rilievo che si potesse unire a varie situazioni – che tra di loro comunque non hanno nessun legame - per tenere alta l'attenzione dopo che era calata di botto? Ed ecco le "zone d'ombra, le stranezze, le omissioni".

Ecco perché bisogna che ognuno di noi si assuma le proprie responsabilità. Non possiamo cambiare le circostanze, le stagioni o come soffia il vento, ma possiamo cambiare noi stessi. È qualcosa che dobbiamo riuscire a fare, ma è molto difficile quando si guarda a senso unico o come i cavalli che hanno i paraocchi e quindi la mancanza di solidarietà ed il senso della famiglia, che non sia quella di sangue, viene ed è venuta meno perché? non si è imparato nulla da "una parte" di istituzioni come i politici o certa magistratura o come certi membri dei media che quando gli si tocca qualcosa o qualcuno anche se hanno sbagliato hanno sempre ragione e giù contro tutto e tutti e soprattutto contro l'anello debole?

Ma in questo caso l'unico ad aver sbagliato è stato solo il sottoscritto a ritornare da Roma nella mia città facendo e vivendo l'obbedienza così come dovuto, se fossi infatti rimasto via dove avevo ricevuto "allettanti proposte" – ad esempio una era quella di divenire assistente ad un mio professore alla facoltà di filosofia della P.U.L. oppure quella di rimanere in Vaticano accanto - quale "delfino" - dell'allora Segretario Generale e poi Prelato dello IOR - quest'oggi non mi sarei trovato in queste situazioni e sicuramente non si sarebbe neppure scritto questo libro.

Ma l'amaro calice va bevuto fino in fondo e, quindi, bisogna come è scritto in una delle sette opere di misericordia spirituale: *"sopportare pazientemente le persone moleste"*, basta che queste non continuino a perseverare nel loro intento di cattiveria e demolizione di una persona che di male nulla ha fatto in generale ed anche a loro e, che, non c'entra affatto con le loro elucubrazioni mentali.

SISTEMI DI INFORMAZIONE PER LA SICUREZZA DELLA REPUBBLICA

Un altro tema molto caro ad un nostro conoscente giornalista-scrittore della Tv nazionale-commerciale (Cfr. P. Maurizio o come al don Cozzi) e ad alcuni suoi amici e conoscenti giornalisti/e, anche perché taluni/e che proprio da questi sono protetti e quindi pensano di godere di una impunità che gli permette di dire e scrivere come meglio credono, infangando senza alcun motivo e prova, perché legati anche ad ex Capi di Stato, così come da informazioni di fonti ben accreditate: è quello dei Servizi Segreti.

Infatti questo è un punto fondamentale del nostro caro giornalista-scrittore, il quale vuole che ci si fidi di lui, spiega lui, parla e scrive solo quando autorizzato e non fa mai nomi... o quasi, ed invece fa intendere chiaramente a chi si riferisce quando scrive anche senza far nomi e senza che nessuno l'abbia autorizzato, ma tutto questo lo vedremo più avanti.

L'Agenzia informazioni e sicurezza interna (AISI) ex Sisde ha il compito di ricercare ed elaborare tutte le informazioni utili per difendere la sicurezza interna della Repubblica e le istituzioni democratiche da ogni minaccia, da ogni attività eversiva e da ogni forma di aggressione criminale o terroristica.

In particolare sono di competenza dell'AISI:

a) *le attività di informazione per la sicurezza che si svolgono all'interno del territorio italiano, a protezione degli interessi politici, militari, economici, scientifici e industriali dell'Italia;*

b) *l'individuazione e il contrasto all'interno del territorio italiano sia delle attività di spionaggio dirette contro l'Italia sia di quelle volte a danneggiare interessi nazionali.*

L'AISI risponde al Presidente del Consiglio dei ministri. L'AISI informa tempestivamente e con continuità il Ministro dell'interno, il Ministro degli affari esteri e il Ministro della difesa per le materie di rispettiva competenza.

Ora io mi chiedo, così come se lo sono chiesti e se lo chiedono in tanti, sulla base di quanto sopra detto: *cosa poteva interessare ai servizi segreti la scomparsa di una ragazza adolescente?* Se non metterli in mezzo sempre e dovunque come il prezzemolo, per far sì che le loro teorie non vengano smontate ma far sì che ci si chieda e si dica e si scriva in maniera assurda come in un articolo di giornale: "Chissà che ci faranno tutte queste spie fra le vette dell'Appennino?". Tutto ciò non distoglie dal punto centrale come scrive invece il nostro P. Maurizio. *Secondo me invece è tutta una bufala,* che già nasce dal passato e chissà perché, così come anche scritto nelle motivazioni della sentenza di condanna dell'assassino della giovane adolescente nella quale si dice:

" ....sotto tale profilo, vengono, anche, in rilievo le indagini svolte dai Carabinieri di Potenza – reparto Operativo – Nucleo Operativo – a seguito delle notizie di stampa pubblicate dalla Gazzetta del Mezzogiorno ed afferenti la presenza di un presunto informatore del Sisde che stava effettuando importanti rivelazioni sull'omicidio di Elisa Claps, avvenuto, a detta delle suindicate notizie giornalistiche, nel corso di riti satanici, oltre che sul luogo in cui la stessa sarebbe stata sepolta. Siffatte notizie risultano assolutamente infondate così come accertato dai predetti investigatori dopo l'audizione di numerosi testi......" ; ed allora il perché non accettare quanto detto dal giudice ma continuare a dire che tra i cosiddetti informatori dell'ex

capocentro del Sisde in Basilicata ci sarebbero due sacerdoti ed un "pentito"? e quindi ben tre persone, tra cui un pentito che guarda caso era cliente – prima di pentirsi - di un certo avvocato (cfr. S. Lapenna) amico di certi giornalisti, della "barba finta" ecc… ecc… – professionista del foro *spiega lui* (il nostro giornalista-scrittore) – come vedremo innanzi e che parlò l'anno prima di pentirsi…. mah! Perché si vuol continuare a dire quello che non esiste? Le sentenze o le motivazioni vanno bene quando sono completamente a favore, ma quando vengono articolate in maniera tale che alcune cose non vanno secondo i loro desiderata, allora non sono più buone e mi si dice in uno di quegli incontri informali avuti con lui: "ma come mai e da dove gli escono queste cose al giudice….", *afferma il Maurizio*, detto appunto da chi si vede smontare quindi anche le proprie fantastiche tesi. Ci si è mai chiesti perché l'ex capocentro non faccia parte più dei servizi? Quale è il suo scopo nel continuare ad affermare certe cose se da Roma non ne hanno mai avuto contezza, o lo scopo dei giornalisti o di don Cozzi nel volergli continuare a far dire cose che non esistono né in cielo e né in terra? Perché si vuol continuare ad insistere su queste informative se non esistono e insistere nell'affermare che*: "uno dei due sacerdoti-informatori del Sisde è una figura chiacchierata per alcuni suoi rapporti con alcuni personaggi legati alla massoneria"*. E la cosa più buffa di tutta questa situazione è il fatto che il caro P. Maurizio dice che non fa nomi: *"io chiedo sempre prima l'autorizzazione"* mi disse*, "prima di scrivere ciò che mi si dice"* e guarda caso: una chiacchierata fatta in maniera informale dinnanzi ad un caffè, senza saperlo, finisce in un libro ed anche se non sono scritti i nomi, anche se uno stupido leggesse certe pagine capirebbe a chi ci si riferisce, cioè al sottoscritto, quindi prima infondatezza, ripresa poi da un altro loro sodale in altro libro come abbiamo visto e vedremo anche più avanti, detta su di me e su che basi?, come ad esempio quando si parla anche di altri personaggi della città scrivendo che la *"…malavita che ha legami forti….. e frequentazioni con potenti ex ministri che hanno il vizio della coca e degli amori proibiti"*…. solo uno sciocco non capirebbe che ci si riferisce ad Emilio Colombo… e quindi? Il tutto su delle elucubrazioni di chi? un ex capocentro dei Servizi Segreti?, anzi no, perché mi è stato detto ad una precisa domanda, fatta in quella chiacchierata informale dinnanzi ad un caffè, che questi – l'ex capocentro del Sisde in Basilicata - non ha fatto mai nessun nome e tantomeno di sacerdoti e tantomeno del sottoscritto, neanche a microfoni spenti.

Ed allora da dove vengono queste idee strambe e bislacche di dire che c'erano due sacerdoti (uno io e l'altro chi era?) ed un pentito, e continuare a pressare sempre la magistratura tramite i mass media e non solo per portare avanti le loro assurde tesi di complotti, coperture, "verità nascoste e scomode", perché? sull'idea di chi ha progettato questo complotto e ne è il regista oppure su suggerimento di giornalisti locali in cerca di fama o di amici di giornalisti, professionisti del foro, così come mi ha detto chiaramente il nostro conoscente giornalista-scrittore facendo i loro nomi (Lapenna & C.), o di uomini di "chiesa" ma quella buona ovviamente? O perché? E perché? Risposta non c'è e non si sa se mai ci sarà.

Ed inoltre, sempre per quanto a norma di legge, né Parlamentari, Consiglieri regionali, provinciali, comunali, Sacerdoti, Giornalisti possono far parte dei servizi e di conseguenze essere informatori dei servizi.

Continuando sempre nelle affermazioni del nostro conoscente giornalista: *"Su di lui pesano denunce per molestie, tutte da dimostrare"* ma quando mai, e da dove ha avuto queste notizie infondate? Dal solito collega, amico dei "professionisti del foro", o da chi e perché scrive tutto ciò? ed è stata già spiegata questa fantasiosa storia della molestia, ed inoltre mai una denuncia avuta in vita, nonostante alcuni organi di stampa abbiano scritto palesi falsità che sia stato denunciato per violazione della legge sulle logge segrete…..(cfr. in particolare La Repubblica.it con la consueta Conchita Sannino) mai denunciato a prova contraria anche perché mai iscritto ad alcuna loggia massonica regolare o deviata, forse sono io che ne è ho fatte e varie di denunce contro truffatori, imbroglioni, millantatori e calunniatori vari e non solo, tanti personaggi che hanno approfittato della mia buona fede e del mio essere sempre disponibile verso tutto e tutti, vedi le ultime denunce fatte anche nei confronti di quei giornalisti o presunti tali e familiari di vittime che mi hanno calunniato e diffamato senza alcun ritegno e gratuitamente, alla stregua di quei terroristi che ammazzano vittime inermi ed innocenti, e quindi tantomeno sono mai stato denunciato per molestie e poi – scrive lui – *denunce*… al plurale…perché? perché si scrive ciò che sono palesi falsità e si continua a buttare fango senza alcuna prova ad incominciare dall'essere informatore dei Servizi e continuando nello scrivere:…*"Ma, 14 anni fa, non è stato lui a riferire allo 007, che era il suo "contatto", i contatti sul prete che "doveva sapere qualcosa"*… e quindi sono l'informatore o no? Un po' sulla falsa riga di quanto detto sul discorso del Funzionario di Polizia, si è o no si è? ma che film si sta e si stanno guardando e che copione si sta e si stanno leggendo? Una battuta che gira tra i giovani e si potrebbe dire anche a questi: *"scusa ma perché non cambi spacciatore? Oppure: hai usato roba tagliata male oggi?"*, perché scrivere e continuare a dire ciò che non è vero, senza informarsi prima in maniera seria e traendo invece in inganno il lettore italiano od inglese che sia? Ed accusando persone solo per il gusto di, o perché? inoltre ci si potrebbe soffermare di più su questi punti ma basta ciò che ha detto il giudice di cui sopra: ….*"notizie risultate assolutamente infondate"*… e quindi colui che può aver riferito, o coloro che hanno potuto riferire all'ex capocentro – che si è "bevuto queste bufale" – se mai esista/no questa/e notizie e questo/i amico/i della "Barba finta", non può o possono averlo fatto per smania di apparire, *"considerato l'interesse che costantemente i mass-media hanno dimostrato per le vicende giudiziarie in esame o per la necessità di ottenere benefici economici"*, al di là che l'ex capocentro "possa anche aver detto queste cose quindici anni dopo per vendicarsi del "trattamento" avuto dal suo ex-ufficio…." chi può dirlo? Ribadiamo che tutto nasce dall'incontro avuto nel mese di agosto 2011 tra questo ex capo-centro Sisde di Basilicata e i giornalisti P. Maurizio e F. Amendolara e che solo dopo quasi tre mesi decidono di trasmettere il servizio svolto e coinvolgere me. Quindi mi chiedo perché continuare con questi film noir, dove alla fine escono sempre pentiti o pseudo pentiti o morti o personaggi fantasma o comunque vicende narrate che non sono mai a conoscenza diretta di chi le riporta, ma di terze o quarte persone e così via, le quali o sono appunto morte o non sono in condizione di confermare e quindi ancora mi chiedo:

Perché?

Ma non si può pensare che determinate "cosiddette coperture" siano state fatte solo da una famiglia borghese (cfr. Restivo) che non voleva che si sapesse avere un problema al suo interno, senza dover scomodare morti, pentiti, servizi segreti od altro? Non si può andare alla ricerca di cose semplici o si deve per forza di cose far apparire tutto strano e complicato, per complicare di più la vita alle persone, quando semplicemente una povera giovane è stata assassinata (da chi?) ed una povera donna delusa per amore si è suicidata? Per forza bisogna andare a cercare cose che forse non esistono se non nella testa di qualche regista noir ed unire episodi che tra loro non hanno alcunché di collegato se non perché tizio ha detto che caio ha fatto e sempronio…?

Perché?

Perché probabilmente così tenendo alta l'attenzione le loro teorie, già in buona parte smontate dalla stessa magistratura, possano riprendere la giusta strada ben definita che li deve portare a far carriera (e c'è chi ci è comunque riuscito alla fine… e chissà se avrà anche la scorta tanto richiesta, desiderata ed agognata nel tempo… (cfr. don Cozzi) come l'ha il suo capo…. staremo a vedere), alla vendita dei loro libercoli (cfr. Amendolara) o alla distruzione di determinate persone per lotte interne a determinati apparati dello Stato – così come gira voce da tempo immemorabile in città e regione allo scatenarsi di denunce e contro-denunce e che da allora nascono i vari teatrini messi su da questi personaggi - e servendosi quindi di "sciocche teste di legno" o "utili idioti" di staliniana memoria e si continua nel dire, non dire, far credere, smentire, cambiare e buttare fango su persone, famiglie e comunità che di tutte le loro elucubrazioni mentali nulla c'entrano, mai gliene è interessato, e non certo per ignavia ma perché non sono problemi che riguardano loro, ma solo di chi deve fare i dovuti accertamenti per ripristinare la legalità e portare alla luce la verità e la giustizia per le tante vittime innocenti che ci sono capitate in mezzo, ed anche per quelle che si sono volutamente inserire senza che nulla con tutte queste storie possano c'entrare qualcosa, vedi il sottoscritto.

UN CASO INSOLITO... E LE STRANE COINCIDENZE... DELLA VITA... NEL VOLERE UNIRE COSE CHE TRA DI LORO NULLA HANNO IN COMUNE

Un fatto strano, inoltre, è accaduto, checché il nostro conoscente giornalista-scrittore, mi disse che non è così.

Tutti gli studenti di giurisprudenza sanno che: *"una coincidenza è il caso, che due coincidenze sono un indizio, ma che tre coincidenze sono una prova"*. Guarda caso dopo il primo incontro avuto da me con lui il 26 e 27 ottobre 2011 si scatena la bufera sul sottoscritto – che come sappiamo questa bufera già si preparava dal mese di agosto (intervista fatta all'ex capocentro del Sisde come già ribadito) se andiamo a leggere bene tra le righe dei fatti accaduti e non solo e quindi con l'intervista all'ex agente del Sisde mandata poi in onda – chissà perché dopo quasi tre mesi - il giorno 24 dello stesso mese di ottobre.

Dopo l'ennesimo incontro avuto con lui, 9 marzo 2012 neppure dopo due giorni si è di nuovo nelle cronache quotidiane di giornali locali (due coincidenze) con le elucubrazioni mentali del giornalista di turno della miglior fiction di un Film thriller il quale scrive una delle più grandi assurdità mai lette, affermando in maniera allucinante e pericolosa cose che non stanno né in cielo e né in terra:

"Gli "strani" intrecci con l'assassinio Claps e con la figura del cappellano della Questura, don Pierluigi Vignola –
Anna Esposito, il suicidio misterioso che si intreccia con la morte di Elisa Claps..."

(La Nuova del Sud dell'11/03/2012)

come a voler far intendere che c'è un filo che unisce i due casi, ed io sarei il trait d'union tra le due situazioni, cose che purtroppo per loro non hanno nulla in comune e tantomeno io ma che, invece, purtroppo per me, si continua nel tempo con queste assurde teorie anche facendo fare articoli su quotidiani nazionali sempre portando avanti lo stesso schema e la stessa idea come anche in un libro di un "giornalista-scrittore" straniero – come già accennato - ma con l'aiuto dei "soliti sodali italiani", interviste allucinanti in talk-show nazionali di presunti amici delle vittime che compaiono improvvisamente decenni dopo (cfr. G. Laguardia) e prima dove erano?, il libercolo del solito "giornalista" improvvisatosi anche scrittore (cfr. F. Amendolara), ma che non fa altro che mettere insieme verbali giudiziari stravolgendoli a suo uso e consumo – come anche nei suoi "articoli" - e fare commenti come meglio gli pare - volendo arrivare poi chissà dove, perché dietro c'è un disegno ben preciso e non certo quello di scoprire la verità – che ribadiamo è cosa buona e giusta ricercare in nome di tutte le vittime della brutalità dell'uomo - ma cosa più folle non si poteva e può pensare da parte di chi ne è il regista e lo sceneggiatore al quale potremmo risalire, come già affermato dal 2002/2004 per capire da dove incominciano certe elucubrazioni mentali scaricate poi in parte su di me anni dopo, proprio perché per il primo caso nulla sapevo e ho mai saputo e nulla mi è mai interessato anche perché neppure in città checché ne vogliano dire familiari e loro sodali, il secondo è semplice storia di una persona che ha voluto finire la sua giovane vita per colpa di pene di amore e, pertanto, solo e sempre assurdità per infangare persone oneste ed il lavoro svolto, solo per i soliti sentiti dire o chissà cosa.....; ed infine – ritornando alle coincidenze - la presentazione del suo libro (del P. Maurizio) il 22 marzo 2012 dove si insiste sull'agente dei servizi segreti e quindi su la figura del "sacerdote-informatore" così come scritto in una pagina del suo libro e, quindi, dopo aver detto che tutti gli studenti di giurisprudenza sanno che: *"una coincidenza è il caso, che due coincidenze sono un indizio, ma che tre coincidenze sono una prova"*, ci sembra che il cerchio sia chiaro….. almeno sul versante mediatico locale e nazionale….. così come anche alla presentazione del libercolo del suo collega Amendolara il quale, non si capisce il perché o forse sì?, continua a mentire dicendo falsità ma dimostrando in quell'occasione di quella domenica di gennaio del 2014 che tutto ciò che hanno detto e fatto, " don Cozzi – giornalisti – familiari delle vittime" era studiato a tavolino per colpire il sottoscritto, ed è stato fatto il tutto con chiaro intento di colpirmi con cattiveria negli anni precedenti e continuare poi nel tempo ad accusarmi con le loro falsità ed elucubrazioni mentali, poi non si sa bene di cosa e senza alcuna prova concreta, ma falsando dichiarazioni od altro e sempre per rendermi un personaggio losco agli occhi dell'opinione pubblica. Ancor più strano leggere poi nelle seguenti settimane, anche su alcuni quotidiani nazionali, che avendo la Procura di Potenza riaperto il caso Esposito ha acquisito agli atti il libercolo di Amendolara che altro non è che un copia-incolla dei verbali della vecchia indagine, ma in maniera delirante sistemati a proprio uso e consumo dal neo giornalista-scrittore, e quindi mi chiedo a che pro dare ulteriore enfasi a questo libercolo scritto da uno "strano personaggio di giornalista ed i suoi sodali"?

E come sempre quando sta calando l'attenzione subito bisogna trovare qualcosa e far sì che si riprendano certi discorsi per tenere alta l'attenzione sulle "loro cose", anche con fatti che nulla c'entrano tra di loro, come già detto, e quindi interviste, presentazioni del libercolo qua e là per le regioni italiane, buttando e continuando a buttare fango ed a ingannare gli uditori da quanto loro affermato, ecc….ecc… Si potrebbe, pertanto, alla fine dire che qui sarebbe possibile tentare di ipotizzare una denuncia verso tutti questi personaggi per: *"associazione a delinquere di stampo mediatico"* e per altri *"concorso esterno in associazione di stampo mediatico"*, se da un punto di vista giurisprudenziale si potesse fare e scrivere una cosa del genere così come quando hanno inventato il *"concorso esterno in associazione mafiosa"*, una fattispecie di reato non prevista dal nostro codice penale ma frutto di una creazione giurisprudenziale, finalizzata alla lotta alla criminalità organizzata, e così qui per chi sfrutta la televisione, (soprattutto la TV di Stato pagata anche con i soldi dei contribuenti) od i giornali e con determinati libri per rovinare persone innocenti, tenendo in debito conto e non dimenticando, inoltre, chi poi anche in *"maniera furba"* si fa scudo di colleghi, quando deve attaccare sapendo di potere essere denunziato per calunnia e diffamazione e, quindi, fa scrivere ad altri gli articoli diffamatori, mentre quando si rifà a verbali giudiziari o intercettazioni telefoniche come già detto precedentemente – poi travisate come sempre - allora scrive lui l'Amendolara, *stravolgendo comunque a modo suo e non accettando neppure il contraddittorio* (come anche certe trasmissioni televisive di suoi amici o familiari di vittime) ed anzi, sbandierando palesemente ai suoi amici avvocati di *"farla pagare a chi ha "osato" farlo "richiamare" dalla sede centrale della Gazzetta del Mezzogiorno a Bari*", e quindi attaccando in modo sempre più cattivo, perfido e abietto solo perché si è cercato di dire che non bisogna scrivere falsità o inventarsi o distorcere quanto affermato, o mentendo sapendo di mentire anche nel tempo e portando avanti le solite tesi assurde di complotti, massoni deviati, servizi segreti, gruppi occulti di potere ecc…ecc… a proprio uso e consumo.

E questi sono i cosiddetti giornalisti che vengono considerati “bravi cronisti”, ma che di professionalità sono lo zero assoluto, e che è lui invece a scrivere assurdità deliranti nel suo libercolo stravolgendo anche gli atti giudiziari come più gli fa comodo così come ai suoi sodali ed alle loro teorie bislacche come già affermato, assurde e smontate anche dai giudici stessi, ma che non vogliono accettare e che sempre a pochi intimi, come mi hanno riferito fonti ben informate, abbia chiaramente detto che certe “perquisizioni” a lui fatte sono state ben pilotate, in modo tale che il “perquisito” acquisti più visibilità e lo si difenda con la “scusa del diritto di cronaca” e diventi quasi un martire – con solidarietà perfino dall’ordine nazionale e locale e non solo, che invece dovrebbe investigare sulla cattiva condotta di questo strano personaggio di giornalista protetto a vari livelli - e chi “perquisisce” dal suo canto fa vedere che comunque fa bene il suo lavoro di “intelligence” alla ricerca di prove scottanti per poter avere sempre quella “agognata promozione per meriti speciali” ed ecco che, come si suol dire: “alla fine della fiera” allora il cerchio è ancora più chiaro!

Anche perché è strano che solo due, dei tre quotidiani locali, hanno attaccato in maniera violenta, perfida e riprovevole la mia persona e quindi si sono coalizzati e scambiati i favori, senza dimenticare che alcuni personaggi che lavorano in uno dei due quotidiani locali – da fonti sempre a me vicine che mi hanno riferito - hanno “passato” i filmini e le foto di quando ero parroco nelle campagne e che poi il “giornalista-violinista” e la sua “conduttrice” hanno utilizzato a loro uso e consumo nelle due trasmissioni televisive di “Chi l’ha visto?” contro di me….. e quindi sapendo che mai ero stato Vice-Parroco alla SS. Trinità, mai andato a celebrare quella fatidica domenica di settembre del 1993 e mai ha avuto nulla a che fare con quella Chiesa, se non per qualche celebrazione così come in altre chiese della città e della arcidiocesi come sostituto occasionale come altri confratelli e, quindi, il cerchio in parte si è chiuso come già detto…

Qualcosa si muove… e gli orchi non restano sempre impuniti ora dobbiamo solo attendere la scoperta di chi sia la regia e la sceneggiatura di questo noir o spy story o crime story, sapendo già quali sono gli attori e le attrici presenti in questo film, affinché vi sia questo disvelamento del mistero e quindi la nostra determinazione nel venire a capo di questa intricata vicenda, di chi mi ha voluto “incastrare” tra morti, doppi giochi, inganni ed onesto senso del dovere, nel capire dove si vuole andare a parare e chi vuole “chiarire” misteri là anche dove non ci sono.

COME TACITARE LA PROPRIA COSCIENZA: IL CASO "ESPOSITO"

Ed eccoci giunti all'altro episodio sgradevole che viene tirato in ballo, non si sa perché o per come visto che nasce e muore nella stessa trasmissione televisiva di Chi l'ha visto?, ma poi fortemente ripreso dai soliti sodali giornalisti e da don Cozzi e dagli pseudo giornalisti resuscitati improvvisamente dall'oblio in cui erano, il cui soprannome – vogliamo ricordare - in città è "Pinocchio", e non si sa se per la sua somiglianza o perché bugiardo come il burattino di legno continuando a mentire da quando è ricomparso dal nulla sulla scena cittadina tal G. Laguardia; e tenuto conto forse che per l'altro caso non ci sia più nulla da dire visto che l'assassino è stato preso e, quindi, si capisce bene perché si passa ad altro episodio – tra l'altro continuando a volerli unire tra di loro ma che tra di loro non c'è alcuna connessione -, ed è anche sempre per questioni puramente materiali e per far apparire inoltre sempre più il sottoscritto un nefando, un "personaggio" dai contorni scuri ed oscuri con chissà quali segreti, uno che svela anche i segreti della confessione (come in maniera delirante – vogliamo ricordare - ha scritto nel suo libercolo il neo giornalista-scrittore e che continua a ribadire l'altro suo sodale "pseudo-giornalista" sbucato dal nulla e dopo anni che non si vedeva e sentiva sulla scena cittadina, resuscitato dal suo oblio improvvisamente oltre ad essere un pessimo soggetto volgare e pericoloso per ciò che ha scritto e detto di me sui social network e ad altri colleghi giornalisti e che, a nostro giudizio, dovrebbe con l'Amendolara essere, se non cacciati almeno, deferiti al consiglio di disciplina dall'ordine dei giornalisti per indegnità in quanto solo mentitori e mistificatori e calunniatori senza conoscere a fondo determinati fatti o situazioni od il perché di certe affermazioni ed inoltre soci nel mentire con un falso padre afflitto e senza aver minimamente letto il Testo unico dei doveri di un giornalista) e far sì che le loro bislacche teorie (quelle che portano avanti da anni sempre per sentito dire e mai per testimonianza diretta e che vengono puntualmente smontate dai giudici) possano essere accolte sempre e comunque anche dinnanzi alla palese realtà di fatti che sono così chiari e limpidi, che solo il solito regista noir potrebbe stravolgere; dipingendomi, pertanto, a tinte fosche, cosa che invece non esiste proprio e volendomi inserire sempre ed a forza in situazioni per le quali io nulla c'entro.

Ed eccoci, appunto, alla vicenda di una povera ragazza, bellissima ed intelligente, due aggettivi qualificativi importanti perché il fatto di essere bellissima è stato il motivo di una "desolante scommessa" tra due "persone piccine" - così come riferitomi da persone degne di fede - per poi nel tempo, avendo avuto accanto la persona sbagliata, fare la scelta di togliersi la vita così come comprovato sia una prima volta, come per la seconda al termine di ulteriori ultime indagini; intelligente, invece, perché con fare gentile e disponibile sapeva professionalmente svolgere il suo lavoro e nel contempo badare ad una vita personale sola e con pochi veri affetti e non certo quello di un "padre" che per tacitare la propria coscienza non ha esitato ad offendere il "sigillo sacramentale" e non solo.... anche la giustizia e la verità, che lui come altri (cfr. i suoi sodali giornalisti e nuovi amici vari) non sanno dove siano di casa, ma stravolgendo sempre il tutto ed anche gli atti giudiziari come meglio credono e sempre e solamente per accusare il sottoscritto, in quanto in quest'altra storia altre dovrebbero essere le persone prese in considerazione, ma no, sempre e più che mai contro di me e non si capisce il perché, come se per la scomparsa della povera Anna fosse mia la colpa, io che anzi ho cercato di aiutarla sempre, dal suo arrivo a Potenza standole sempre vicino.

Ed invece no, i complottisti hanno stravolto tutto e quindi come si suol dire "rivoltando la frittata" a loro favore e piacimento, per le loro accuse senza fondamento che portano avanti in maniera delirante, come se per la scomparsa di questa giovane funzionaria di Polizia si volesse nascondere qualcosa o coprire qualcuno o depistare per chissà quale motivo, quando è del tutto falso e loro lo sanno benissimo, ma pur di continuare ad accusarmi per portare avanti il loro assurdo intrigo e complotto ai miei danni, hanno scritto e detto tante menzogne – come ad esempio il fatto che avrei suggerito al padre di scrivere delle lettere anonime contro alcuni funzionari di Polizia, cose che invece mi propose il Padre della povera Anna e che avallai in un complesso discorso tanto per tirare su colui che sembrava un povero padre afflitto e che voleva sentirsi dire alcune cose, ma che certamente non sarebbero state mai fatte - e che il povero lettore o uditore, non conoscendo a fondo determinate situazioni, si "beve" e potrebbe credere quanto da loro affermato nel tempo e continuato ad affermare, anche dopo la conclusione delle ulteriori indagini che hanno stabilito la morte di Anna essere stato un "gesto autolesionista".

Una giovane ragazza che però per il troppo amore o per meglio dire per la mancanza di amore, ha cercato una prima volta di finire i suoi giorni nel pieno delle sua giovinezza, riuscendoci un mese dopo la seconda volta, così come ha accertato nuovamente la magistratura ma, al di là di tutto, questo non viene accettato da chi vuole tacitare appunto la sua coscienza per aver fallito come uomo, come padre, come sposo; ed infatti non solo era mal visto per non dire odiato dalla sua figliola – a detta della stessa e non solo a me, col quale aveva instaurato un bel rapporto amicale-spirituale che per colpa del compagno fedigrafo aveva negli ultimi tempi allentato, perché così lui le aveva imposto a detta della stessa e che quindi si formalizzava solo in ufficio – ma anche ad altri colleghi ed amici ed amiche aveva confidato dei suoi disagi col padre ed anzi, con lui non aveva nessun rapporto se non quello di "foraggiarlo" fin dai tempi dell'Accademia e continuamente per mantenere anche le sue bambine – che vivevano con la nonna e la bisnonna - e perché "fallito lavorativamente come imprenditore" e che comunque continuava a girare in Ferrari ed anzi pretendeva, dalla sua giovane figliola, perfino la restituzione dei soldi dati per il pagamento degli studi universitari, oltre a non volere "più tra i piedi" le nipotine, il tutto sempre confidato dalla giovane funzionaria di polizia ad amiche e colleghe/i, così come si può desumere anche dai verbali giudiziali, ed ora come allora, per tacitare la sua coscienza, vuol far vedere che si preoccupa della figlia che non c'è più e chissà perché? Ma noi ci chiediamo: come può una persona che eticamente non è accettabile per i suoi comportamenti, per aver di nascosto registrato delle conversazioni (tre), tra cui una nel pieno di una confessione sacramentale, e poi averle manipolate a suo uso e consumo e contraffatte e portate in tribunale facendo credere che chissà cosa ci fosse dietro, e facendo credere, soprattutto, che io, come già ribadito, gli avessi anche consigliato di scrivere delle lettere anonime, e quindi come può una persona del genere permettersi di poter dire una qualunque cosa, mi chiedo? Tra l'altro poi non sa che è incorso nella *scomunica latae sententiae* per aver registrato una confessione sacramentale? Questo il don Cozzi non glielo ha detto? Non gli ha consigliato di pentirsi? No ovviamente perché devono portare avanti sempre le loro tesi completamente assurde di accuse tout court, come anche si è ascoltato in trasmissioni televisive.

Non farebbe bene a stare zitto o far stare zitti i suoi sodali, come ha fatto per dieci anni e poi improvvisamente ricomparso sulla scena con la fandonia che avendo visto in tv una certa trasmissione ha chiamato, ecc… ecc… (visto che qualcuno da anni va sbandierando che questi fatti sono tra di loro uniti – come già affermato precedentemente - e quindi si capisce che è stato tutto preparato a tavolino, così come anche scritto nel predetto libercolo dell'Amendolara dove si dice che ha letto le inchieste su un giornale ecc… ecc… e dimostrazione ne è un incontro pubblico avuto dopo qualche mese a Potenza e non solo nel continuare ad andare in giro lui e soprattutto i suoi sodali a sbandierare menzogne facendo credere ai poveri uditori chissà cosa quando i fatti sono palesemente diversi, come appunto ora ha accertato ancora una volta e per sempre la magistratura, e quindi al lettore lasciamo di capire ancora il perché di tutte queste cose), quindi nel silenzio pregare per il dolore che ha provocato nel tempo alla sua povera figliola e pregare per lei, se mai dovesse credere un personaggio del genere, visto il suo modo di vita ed i suoi comportamenti ed il loro fare affermazioni che di solito non collimano, perché di solito si dice che: *"il bugiardo si deve ricordare di ciò che dice"* oltre al fatto che *"il guaio dei bugiardi è che non credono mai a nessuno"*. Forse loro dimenticano troppo spesso quanto hanno detto e fatto nel tempo e poi ora dicono tutto e il contrario di tutto e chissà per quale fine, che non è certo ricercare una verità – come è giusto che sia anche per la povera Anna – ma sempre qualche altro fine visti i loro teatrini mediatici (ed al lettore ancora il capire il perché di questo loro modo di comportarsi). Inoltre uno scomunicato, perché la Congregazione per la dottrina della fede ha promulgato il 23 settembre 1988 il decreto "Congregatio quo" con il quale ha reintrodotto la scomunica latae sententiae per *"chiunque registra con qualsiasi strumento tecnico ciò che nella confessione sacramentale, vera o simulata, fatta da sé o da un altro, viene detto dal confessore o dal penitente, oppure lo divulga con strumenti della comunicazione sociale"*, e quindi una persona che è esclusa dalla comunione dei fedeli ed è privato di tutti i diritti e i benefici derivanti dall'appartenenza alla Chiesa, la scomunica infatti è la più grave delle pene che possa essere comminata a un battezzato; una persona che abusa della fiducia che gli viene data, che non dimostra pentimento o ravvedimento negli anni, che persino il giorno della morte di mio padre è venuto a disturbare, senza il minimo rispetto per la "sacralità della morte", ma sempre con un registratore in tasca per carpire chissà quali informazioni, e che palesemente si comporta come il peggiore dei personaggi di un film di terza categoria, personaggio subdolo e falso, come può – pertanto - un "personaggio" del genere ergersi a paladino di una giustizia che ha fatto il suo corso e forse neppure bene nell'indagare o nello scrivere alcune cose? Infatti, bisogna dire e ricordare anche al magistrato di turno, la cui interpretazione soggettiva fa sì che quel famoso "libero convincimento" del giudice, che in Italia da anni troppo spesso ha sostituito la prova oggettiva, che quando si fanno bene le indagini non si può scrivere – solo perché da un certo effetto a quanto scritto - che: *"Stupisce non poco il fatto che il cappellano, deputato alla cura spirituale del personale della polizia di Stato, non abbia manifestato, se non a un superiore, almeno alla famiglia o a qualche collega o amica della Esposito di starle vicino, di non perderla di vista in quel particolare grave momento di sofferenza…"*, quando leggendo i verbali delle indagini svolte dopo la sua morte altre 4 persone, completamente sconosciute al sottoscritto, hanno dichiarato la stessa cosa (checchè i soliti personaggi dicano che hanno ritrattato, cosa più falsa non si poteva affermare in talk show televisivi nazionali ed ultimamente puntualmente smentiti anche da trasmissioni loro amiche) e cioè le modalità di come un mese prima di morire la nostra giovane funzionaria di Polizia avesse tentato il suicidio, perché a loro l'aveva raccontato essendo delle amiche strette. Se ne escono poi con il fatto che solo io dovevo parlare e comunque continuando ad accusarmi poi non si sa di cosa solo per aver detto una palese verità (che comunque su richiesta della stessa Anna ne parlai solo al mio superiore ecclesiastico del tempo con il quale ella desiderava un colloquio a tal proposito), come continua ad affermare il solito giornalista che invece ha volutamente stravolto i verbali trascritti poi nel suo libercolo scrivendo palesi assurdità proprio per far sembrare che io nascondessi qualcosa, sapessi qualcosa e violassi perfino il sacramento della confessione. E poi non si sa che comunque è statisticamente e scientificamente provato che chi non riesce a suicidarsi la prima volta la seconda ci riesce? Ma voi cosa sapete? E perché il Pm non lo scrive anche delle 4 amiche che avevano saputo la stessa cosa? Così come certi giornalisti che scrivono solo sciocchezze e si dicono pure professionisti, ma di cosa? della menzogna forse e della manipolazione.

E cosa ne sa lei – caro Pm o caro giornalista menzognero e sodali vari - se io sia stato o no vicino ad Anna o non ne abbia parlato con chi di competenza, così come richiesto dalla stessa, e non certamente doverne parlarne con un padre che era odiato dalla figlia e che non si è mai interessato di lei se non per essere solamente foraggiato? Sapete leggere le carte dei verbali e fare le indagini o solo manipolarle a vostro uso e consumo o pensare solo ai servizi di cartomanzia ed altro? Eravate presenti? No, e quindi perché parlare e scrivere sempre cose inesatte, rifacendosi poi a delle registrazioni false e manipolate e sapendo che parte erano state fatte nel segreto sacramentale, checché qualcuno lo voglia negare o dire ed insegnare anche come si debba confessare? Ognuno pensi a fare il suo lavoro, e taluni non lo fanno neppure bene, e comunque tu padre dove sei stato fino ad allora? Tu che avevi, come si è visto nel tempo, sempre a detta di tua figlia che ti odiava, una vita dissoluta ed egoista, del tipo "spaccone campano", perché non c'eri quando lei aveva bisogno? Dove eri? È troppo comodo cercare ora di lavarsi la coscienza accusando altre persone per le colpe proprie, quale è il tuo ultimo fine?

Non certo quello di una verità che qui è palese, checché ne vogliano dire alcuni personaggi supportati anche dai soliti sodali giornalisti che il medico legale ha detto... o che "*La fucilata al confidente dei servizi liquidata come scontro tra bande potrebbe essere legato anche alla fine del funzionario della Digos Anna Esposito*", loro c'erano? No... ed appunto così anche a colui che non sappiamo quale professione faccia, ma che al sentire comune fa di "professione il fratello", il Gildo Claps che fa intendere che dietro la morte di Anna ci sia un omicidio di stampo mafioso e quindi sempre questo connubio sbandierato con tv e giornali, poi cambiando versioni e cercare di unire questa morte a quella della sua povera sorella, e quindi continuare a dire menzogne di ogni genere, smontante puntualmente ma puntualmente riprese nel loro teatrino mediatico e chissà perché? Pertanto anche qui al lettore lasciamo di capire ancora una volta il perché di tutte queste cose.

Quindi anche questa storia che si vuol continuare a tirare fuori perché? e perché cercare di unire fatti e storie che nulla hanno a che vedere tra di loro? E poi si dice, poi si cambia versione e poi escono come al solito morti, testimoni fantasma o pentiti che compaiono improvvisamente dopo anni e prima che hanno fatto? E perché certe cose non sono state dette già nel passato e cioè 14/15 anni fa, come per questo anche che per l'altro caso? La risposta come sempre la lasciamo a voi lettori anche se, come al solito, il perché è che sono bugie, perché il film ancora non era ben prestabilito. Erano in "sonno" come direbbe il nostro conoscente giornalista-scrittore della Tv commerciale nazionale. Oppure dobbiamo chiedere sempre al famoso regista o sceneggiatore di questo film noir dove vuole andare a parare e perché? e quindi solo ora facciamo scrivere o dire allo "scribacchino/a" di turno certe assurdità per colpire chi nulla c'entra ma solo per alimentare sospetti e chissà quali intrighi di un piano ben organizzato e predefinito mettendoci dentro di tutto e di più e, soprattutto, chi nulla c'entra? E ad un illustre sconosciuto, quale Gildo Claps, perché non ci risulta abbiano mai avuto conoscenza o frequentazione anche a detta dei colleghi d'ufficio della Digos e non solo, una funzionaria seria dice che ha una informativa sul suo tavolo di lavoro di un omicidio che di per sé è di competenza della Squadra Mobile e non della Digos, ma quando mai, lui era lì a vedere questa informativa? No! Lui era lì quando un mese prima della morte aveva tentato il suicidio? No! Lui era lì quando soffriva per amore per colpa di un compagno fedigrafo e di colleghi che l'avevano presa in giro presentandogli questo personaggio? No! Lui dov'era? Come mai esce dopo oltre 12 anni dalla scomparsa di Anna con certe affermazioni? Anche qui la risposta la lasciamo a voi....

E quindi se lui non c'era è bene che taccia oppure anche a lui non gli è andato giù quanto affermato nelle motivazioni del giudice di Salerno riguardo ad alcune persone perbene tirate in ballo solo perché *"... c'è un desiderio di apparire e le dichiarazioni sono infondate..."* e quindi li si vuol continuare a tirare in ballo ed unire di tutto di più? Chi c'è dietro a questa Regia? Sono fissati con i poteri occulti, sono fissati e basta, ma loro che ne sanno di Anna Esposito?

Nulla... tranne quello dei: si dice, dei sentito dire e di ciò che ha detto un "povero padre" - millantatore e bugiardo – spalleggiato dai suoi amici giornalisti e non solo, che registra le confessioni sacramentali e poi le svela, odiato dalla figlia e che vuole tacitare la sua coscienza di uomo perdente.

Perché vogliono per forza di cose far sì che le loro teorie debbano essere prese in considerazione quando le cose sicuramente sono molto più semplici? Elisa uccisa da uno psicopatico pazzo maniaco soprannominato "il ragno" (o forse no? a detta anche del suo nuovo legale), Anna suicida per amore o per meglio dire, per mancanza di amore. STOP!

E come ha dichiarato il Procuratore Capo della Repubblica di Salerno poi Procuratore Nazionale Antimafia: ***"Non c'è nessun collegamento con il delitto Gianfredi-Santarsiero e le indagini sulla morte del funzionario della Polizia Anna Esposito ed il delitto Claps ... Non risulta accertato alcun collegamento ..."***. Quindi perché voler continuare ad unire tra di loro fatti che nulla c'entrano se non per le elucubrazioni mentali di qualcuno (don Cozzi) che ha messo insieme di tutto di più nelle sue dichiarazioni contro tutto e tutti a Catanzaro (al De Magistris nell'inchiesta toghe lucane) e continuando nel tempo sempre a sbandierarle e poi dai suoi sodali giornalisti trasferite su articoli e libercoli, che si continua ad andare presentando in giro sapendo che è falso quanto scritto stravolgendo i verbali della prima indagine?, disvelate anche in loro incontri e quindi facendo sì che sono tutte cose preparate a tavolino.... dando dimostrazione che oltre ad essere falsi e menzogneri dimenticano quanto detto e dichiarato in precedenza e, quindi, perché non chiedere ora scusa per tutte le nefandezze commesse nei confronti del sottoscritto? Oppure per don Cozzi, che così vede smontate tutte le sue teorie, basta leggere appunto i verbali fatti alla procura di Catanzaro per capire le assurdità di certe sue affermazioni, ed anche qui ci sarebbe la necessità di far studiare le cose a psicologi o psichiatri, dirà quindi anche in questo caso che il Procuratore Capo si sbaglia così come si è sbagliata per alcune affermazioni il giudice nella sentenza Restivo, perché non dà ragione alle loro fantastiche teorie nonostante l'evidenza dei fatti sia diversa e palesemente diversa? E pertanto, nessun segreto, nessun complotto, e forse la regia sarà la loro di voler mettere in mezzo persone che nulla c'entrano – e chissà perché continuare con questa violenta cattiveria gratuita - come affermato dal signor Gildo Claps sul conto del sottoscritto in piena assemblea pubblica e smentito prontamente da mia sorella maggiore anch'essa presente, oltre a dire – Gildo Claps - anche sempre la stessa falsità: che mia sorella minore sarebbe stata molestata dall'omicida (o presunto tale) di sua sorella e che io sapevo di queste molestie ma nulla ho fatto perché amico del presunto molestatore – ma quando mai? né molestie né amicizie con personaggi strani – fatti inventati di sana pianta dal signor Claps e quindi mettere su altri film su questa storia, e come mai e perché queste falsità? ma veramente credono e pensano che tutta la vita delle persone debba girare attorno alla loro vita? Ma pensano di essere l'ombelico del mondo? Lui che si indigna per le affermazioni fatte dal "presunto" colpevole della morte della sorella, ma non si vergogna del fango che butta con la sua famiglia e fa buttare su altre persone e delle falsità che sono state dette sul conto del sottoscritto come di altri, anche rappresentanti del clero. E purtroppo per loro – o per noi disgraziatamente - vige il motto che "chi non è con noi è contro di noi", non si può pensare che ci siano persone a cui non interessa nulla di quello che possa essere accaduto alla loro famiglia?

Per forza di cose o con noi o contro di noi? e così si rovinano persone innocenti, aiutati dai loro sodali a tutti i livelli: da parte di alcuni appartenenti alle forze di polizia, ai giornali, alla televisione ecc... ecc...; noi dovremmo essere indignati per questo comportamento così variegato di chi "sfrutta" la sacralità della morte cercando solo con odio e violenza una vendetta – poi verso di chi? - apparendo sempre su giornali, libercoli, palcoscenici vari e tv, perché come abbiamo già ricordato la "Tv del dolore" fa sempre notizia.

E tra le altre cose, fatto molto ma molto importante da sottolineare, proprio a dar man forte a quanto si dice in città e cioè che qualcuno ormai di "professione fa il fratello" è bene leggere questo passaggio della chat tra lui ed il suo amico Jones:

"*After the verdict I chat to Gildo. I wonder what it will be like for him and his mother now that a battle they had waged for almost two decades is finally over.*

'What scares me', he says, 'is re entering normal life. I struggle even to imagine what a normal life is. All my adulthood I've been completely absorbed by this struggle. I'll have to find a new objective, a new aim.' He wants, he says, to take advantage of his notoriety to help all those relatives of other missing persons and 'invisibles' who haven't been able to interest the media in their stories. And yet it's clear that he's not ready to leave the battlefield. 'It's obvious that one chapter is closed,' he says, 'but others remain open. I want to know clearly, at the very least, what happened as regards the discovery of the body. Because I don't accept that only Danilo Restivo should pay. All these years we've spent looking for Elisa are only in part due to him. The Church is also responsible.

That's why it's a very Italian story,' he says, 'because it involves the Church. No other state has a Church that is so strong, that has so much influence, and in which criticising it is such a taboo. And we're in a very small provincial city in which the relationships between people are very close. There's a lack of civic spirit and an involuntary complicity.'

Da questa corrispondenza si evidenza come non solo sia appropriato il soprannome dato al signore in questione, ma come ci sia un turbamento nell'affrontare la vita da persona normale e non più alle luci della ribalta e comunque sono questioni serie da far studiare a psicologi, psichiatri od altro.... ***"Che cosa mi spaventa",*** dice Gildo Claps, ***"è rientrare ad una vita normale. Fatico persino a immaginare a ciò che è una vita normale...".***

Parole che destano preoccupazione e soprattutto inquietudine, perché ci fanno capire ed intendere molto sui loro comportamenti... passati, presenti e futuri e quindi tutto ciò che ne può e ne scaturisce dalle loro azioni e sul voler continuare il loro teatrino mediatico e non solo.

Quindi, alla fine, perché non lasciare riposare invece le nostre sorelle che non ci sono più da tempo e che sicuramente già godono della visione beatifica di Dio e continuare invece a pregare per le loro anime benedette, e ritornare ad una vita di semplici cristiani?

E non si tratta *"di far saltare i nervi a qualcuno.... e gli attacchi ipocriti... di una comunità ipocrita...."* come ha affermato il Claps, nell'accostare fatti che tra di loro nulla c'entrano se non per le fantasie di qualcuno che le va sbandierando da sempre e non trovano i dovuti riscontri, a meno che poi loro non sappiano qualcosa perché in una maniera o in un'altra possano c'entrare e vogliano chissà cosa coprire, e vogliono, pertanto, che le loro ipotesi debbano per forza di cosa essere prese in considerazione e quindi unire di tutto e di più scaricando le colpe su altri.

Si tratta di finirla di dire fandonie e bisogna cercare la verità, come già detto, e non la vendetta con odio che traspira chiaramente dalle parole delle interviste in giornali e tv o presentazioni di libercoli, che loro continuamente ed a tappe ben precise e ad orologeria, come un perfetto orologio svizzero, si danno e che sono sempre infondate e quindi voler continuare a tirare in mezzo, morti, pentiti o sentito dire e persone e famiglie per bene e continuare poi a gettare fango sulla Chiesa. Ma come, noi ci chiediamo, in pubblica assemblea lui afferma di avere ricevuto una telefonata da Anna la mattina "che era morta" – miracolo!!! – e poi invece lui dice in un articolo che: *"Telefonicamente mi aveva chiamato un paio di giorni prima"* e guarda caso *"sulla sua scrivania arrivò un'informativa che aveva richiesto da tempo..."*, ma siamo seri e finiamola di dire fandonie, mettendo anche in cattiva luce la professionalità di una funzionaria integerrima che "avrebbe parlato" di cose riservate d'ufficio con una "persona" qualsiasi...?

C'eravate? No, ed allora Perché? A questo punto si deve citare il famoso detto: *"A pensar male degli altri si fa peccato ma spesso ci si indovina"*, leggendo appunto anche brani di alcune chat ed altro, e se poi si sbaglia si chiede scusa, scuse che comunque a me ed alle mie sorelle (infangate anche perché membri attivi del Centro Giovanile "Card. J.H. Newman" della Chiesa della SS. Trinità) ed alla mia famiglia sino ad oggi ancora non sono venute da nessuno, *né dal mio confratello* della "chiesa buona" ma pronto lui a parlare di dolore di madri e di comunità, ma di quello che ha/hanno fatto al suo confratello ed alla mia famiglia nulla, anzi il silenzio più totale, scuse *né dai colleghi giornalisti*, tranne uno solo ad onor del vero direttore di un sito on line dove come sempre i "soliti ignoranti internauti" avevano scritto sciocchezze su di me con pesanti commenti, e *né da alcuni membri della famiglia della Polizia di Stato e Locale*, che anzi non mi salutano neppure dopo aver ricevuto tanto e tanto nel tempo per loro personalmente e per alcuni loro familiari, e *né da altri* che mi hanno additato quasi a regista di tutta questa loro pantomima o per lo meno ad attore non protagonista in quanto il regista e gli sceneggiatori chissà chi sono e perché?

Se poi, nella più strana ed assurda delle ipotesi di una crime story, e quindi tra pagine di morte e d'inganno, doppi giochi e onesto senso dello Stato e complotti vari, certe fantasie potrebbero corrispondere alla verità, come volevano si desumesse appunto dalle ultime nuove indagini sulla morte della povera Anna che comunque ha stabilito il suicido, bisognerebbe allora chiedere alle altre 4 testi – amiche della povera Anna – che hanno dichiarato che sapevano ciò che era successo un mese prima, a chi avessero raccontato i dettagli e le modalità con le quali aveva tentato il suicidio il mese prima senza esserci riuscita o se la stessa Anna l'avesse confidato a qualcun altro/a che è rimasto/a nell'ombra, e, quindi, aver camuffato un omicidio in un nuovo tentativo di suicidio ma questa volta andato a buon fine, sempre che fosse tutta vera questa crime story, che avrebbe visto una integerrima *"poliziotta"* che secondo i soliti giornalisti e loro sodali *"faceva indagini parallele e solitarie sul delitto Gianfredi e sulla scomparsa di Elisa"*, ma quando mai e, inoltre, qualcuno/a gli dovrà pur aver dato una certa informativa e questo qualcuno/a chi era e che fine ha fatto? E perché non ha mai parlato? E la stessa informativa dov'è, che fine ha fatto? E loro come lo sanno se tutto ciò fosse vero? E chi si vuole coprire, se mai tutto questo fosse vero? Allora cosa c'entra la Chiesa o determinati uomini di Chiesa? Ma è vero? noi ci chiediamo, o solo nella fantasia di qualche personaggio che da anni va sbandierando la stessa cosa appoggiato dai suoi sodali e solo per sentito dire da tizio che lo ha detto caio ecc..ecc...? Così di seguito senza mai un riscontro vero e tangibile ma solo per colpire talune persone che anche il più stupido di questa terra leggendo certe carte lo capirebbe.

Quindi perché mettere in mezzo chi non c'entra niente e che a nessuno ha detto nulla del precedente tentato suicidio, se non al suo superiore ecclesiastico, su richiesta della stessa Anna che voleva essere comunque aiutata - come si può desumere anche dai verbali (che forse i magistrati di turno non leggono quando conducono le indagini, perché impegnate in servizi di cartomanzia e poi scrivono sciocchezze alle conclusioni delle stesse così come certi giornalisti bravi a manipolare anche questi verbali a loro uso e consumo), ed ha parlato solo dopo la morte della stessa, e sempre con il consenso e su suggerimento del mio superiore ecclesiastico, per amore della verità e della Polizia e quindi per tutelare la stessa Istituzione che poteva essere infangata, cosa che poi a distanza di anni alcuni membri della stessa non hanno fatto per me, anzi; quando invece, davanti al giudice, potevo benissimo avvalermi della facoltà di non parlare in forza dell'art.7 del Concordato Lateranense fra la Santa Sede e lo Stato Italiano che così recita: *"Gli ecclesiastici non possono essere richiesti da magistrati o da altra autorità a dare informazioni su persone o materie di cui siano venuti a conoscenza per ragioni del sacro ministero"* o in base all'art4 par. 4 della modifica al Concordato Lateranense che così recita: *"Gli ecclesiastici non sono tenuti a dare ai magistrati o ad altra autorità informazioni su persone o materie di cui siano venuti a conoscenza per ragione del loro ministero"*, ma che in accordo col mio superiore gerarchico e sempre facendo l'obbedienza – così come si capirà bene più innanzi - abbiamo ritenuto invece doveroso per onore alla verità riferire determinate cose proprio perché dette durante la direzione spirituale e non certo per far chiudere determinate indagini come vogliono far invece credere e continuano a dire e sbandierare "urbi et orbi" certi personaggi ed in particolare il solito giornalista menzognero e mentecatto con il "povero padre" falso afflitto e bugiardo.

Tra le altre cose bisogna inoltre sapere alcune cose riguardo la "Direzione Spirituale" ed il direttore spirituale che è un padre che aiuta a discernere l'azione dello Spirito e a rispondervi in pienezza, per compiere un cammino di piena maturità cristiana. Il padre spirituale infatti è "collaboratore di Dio" (1 Cor 3,9).

Per direzione spirituale s'intende l'arte di condurre le anime progressivamente dagli inizi della vita spirituale fino ad una vita cristiana profonda e piena. Il padre spirituale è indispensabile aiuto, come insegna la tradizione dei santi, in ogni cammino di santità, infatti già Pio XII così affermava:

"Viene opportuna un'altra raccomandazione: che nel cammino della vita spirituale non vi fidiate troppo di voi stessi, ma con semplicità e docilità prendiate consiglio e domandiate aiuto a chi con saggia direzione può guidare l'anima vostra, prevenirvi nei pericoli che potete incontrare, suggerirvi rimedi idonei, e in tutte le difficoltà interne ed esterne vi può condurre rettamente ad avviarvi a quella perfezione ogni giorno maggiore, alla quale v'invitano con insistenza gli esempi dei santi del cielo e i sicuri maestri dell'ascetica cristiana. Senza questa prudente guida della coscienza, in via ordinaria, è assai difficile assecondare convenientemente gli impulsi dello Spirito Santo e delle grazie divine".

Nella "Novo Millennio Ineunte", invece, il Papa San Giovanni Paolo II afferma che tutta la pastorale deve porsi nella prospettiva della santità, che è *"ora di proporre a tutti con convinzione questa "misura alta" della vita cristiana ordinaria"* che *"i percorsi di santità esigono una vera e propria pedagogia della santità"* e all'interno di questa pedagogia egli accenna alle forme tradizionali di aiuto personale, tra cui la direzione spirituale (cfr. N.M.I., n. 31). Secondo la testimonianza della tradizione, la direzione spirituale è normalmente necessaria per raggiungere la perfezione, ed è quello che si è cercato di dare alla povera Anna, ma purtroppo alla fine senza riuscirci, anche perché la stessa forse alla fine non voleva più farsi aiutare.

S. Vincenzo Ferreri non esitò a scrivere nel suo "Trattato della vita spirituale" le seguenti parole: *"Gesù Cristo non darà mai la sua grazia, senza la quale non possiamo fare nulla, a chi, avendo a disposizione un uomo capace di istruirlo e dirigerlo, disprezza questo aiuto persuaso che basterà a sé stesso e che troverà da solo tutto quello che è utile alla sua salvezza".* La Chiesa ha sempre raccomandato l'obbedienza ad un sapiente e sperimentato direttore. Deve saper essere - all'occorrenza - anche duro e non transigere su certi punti fondamentali per paura di perderti: chi ti dà sempre ragione non ti ama. Davanti a Dio intercede per te, ma davanti a te sa essere fermo, e questo è tutto ciò che si è cercato di dare e fare con e per la povera Anna.

Inoltre la direzione spirituale è spesso legata al sacramento della confessione anche se ne è distinta per natura, importanza e metodo, in ogni caso un po' di direzione spirituale va sempre fatta durante la confessione perché favorisce molto l'unità della vita spirituale nell'anima di chi è diretto.

Nessuno forse come S. Teresa di Gesù ha indicato con tanta precisione le qualità tecniche che deve possedere un buon direttore spirituale. La santa scrive: *"Le qualità fondamentali, dunque, sono:*

1) ***La scienza.*** *- La conoscenza della teologia dogmatica - della teologia morale - e della teologia ascetica e mistica. Deve essere un buon psicologo. Il direttore possegga la scienza abituale di un sacerdote sufficientemente dotto e navigato.*

2) ***Discrezione.*** *- La parola discrezione deriva dal verbo latino discernere, che significa, distinguere, separare, dividere: chiarezza e penetrazione di giudizio per distinguere in ogni caso ciò che vero e conveniente da ciò che è falso, ciò che è retto da ciò che non lo è, ciò che è conveniente da ciò che è pregiudizievole. Suppone principalmente tre cose: prudenza nelle decisioni, chiarezza nei consigli e fermezza nell'esigerne l'adempimento.*

3) ***Chiarezza nei consigli.*** *Deve, per quanto è possibile, risolvere i problemi delle anime che dirige, con un sì o con un no fermo, dopo matura riflessione, se, il caso lo richiede. Non deve lasciare insoluto nessun problema. Sincerità e franchezza nel dire alle persone, che si dirigono, la verità senza considerazioni o rispetti umani. Mancherebbe gravemente al suo dovere di direttore chi per non molestare colui che dirige, o per il timore che si rivolga ad altri (!) non gli indicasse le mancanze, i difetti, gli errori e lo lasciasse nelle sue illusioni, oppure esagerasse le sue virtù. Con prudenza e mansuetudine, ma, allo stesso tempo con energia e fortezza, il direttore deve manifestare all'interessato tutta la verità, assolutamente".*

Infine assoluta discrezione, ed è per questo che ciò che fu raccontato in quell'incontro la mattina dopo in cui aveva tentato la prima volta di togliersi la vita fu "tecnicamente" detto che era stato rivelato nel segreto della confessione, per evitare di parlare di problematiche che comunque si stavano seguendo nel "confidenziale" della direzione spirituale, e poi non è qui il luogo di dare spiegazioni di ciò che si disse al magistrato o come lo si disse oppure come furono fatti ed affrontati certi interrogatori, e al di là di tutto ci fu la decisone e l'autorizzazione del Superiore Ecclesiastico di poter parlare come precedentemente da parte della stessa penitente e, pertanto, non si può assolutamente dire od affermare di aver svelato alcun segreto sacramentale ed inoltre chi dice ciò e specula solamente su questo, continuando ad affermarlo "urbi et orbi", parla di cose che non sa e non capisce e calunnia solamente come hanno fatto da sempre e continuato a fare nel tempo; ed inoltre se poi dovessimo invece raccontare noi le storie di alcuni personaggi, tra i quali giornalisti, laici e sacerdoti vari, che frequentano o frequentavano chi lavora, lavorava nella Questura di Potenza, storie che giorno dopo giorno si arricchiscono di particolari anche piccanti che mi vengono riferiti con prove documentate e non inventate come invece fa il "don Cozzi ed i suoi sodali giornalisti e amici vari", allora si potrebbe scrivere un altro libro intitolato anche qui: ***"Vizi e 'virtù' di rappresentanti dello Stato e dei loro amici in una Questura di provincia",*** (alcuni, perché come in ogni famiglia ci sono i buoni ed i cattivi e perché non bisogna fare ovviamente di tutta l'erba un fascio; solo alcuni, infatti, non sono buoni membri della famiglia della Polizia di Stato e non solo della Polizia di Stato, ma anche della Polizia Locale che collabora con loro per certe cose, e che poi dovrebbero spiegare come mai fanno affermazioni del tutto "gratuite" tipo che: chi è intercettato è per forza di cose un delinquente...mah? E "loro" come sono arrivate a certi posti di comando e perché se hanno da dire qualcosa non hanno il coraggio di dirlo in faccia ma parlare con cattiveria e sempre alle spalle?).

Quindi perché mettere sempre in mezzo il sottoscritto anche loro Cappellano? Perché? Perché volermi continuare a crocifiggere e coinvolgere in storie per le quali io nulla c'entro, non ci sono mai c'entrato (caso Claps) e per altre (vedi quello della povera Anna) ho solo fatto il mio dovere come è giusto che fosse?

Fino a prova contraria la tela del ragno è stata disegnata da qualcun altro, quella tela che ci ricorda come da diversi anni, per la sua capacità di non spezzarsi sotto tensione, è fonte di ispirazione per gli studiosi impegnati nella progettazione di nuovi "super-materiali". Ora la seta ottenuta dalla tela del ragno è stata utilizzata per realizzare le corde di violino, lo stesso che usa un "giornalista" di nostra conoscenza durante i suoi servizi? Che possa essere un segno? Mah! Chissà!

Le analisi tecniche hanno dimostrato che queste corde sono resistenti quasi quanto quelle realizzate usando il budello naturale e più di quelle oggi maggiormente utilizzate di nylon e rivestite di alluminio. Essendo, inoltre, leggermente più sottili delle altre, favoriscono velocità e suoni profondi, proprio come chi ha commesso nefandezze di ogni genere su giovani vittime e vittime ignare di quanto stava per accadere.

LE SOLITE “STRANEZZE” DELLA GIUSTIZIA IN ITALIA: IL CASO “CALABRIA”

Ma non bastavano queste vicende ed altre con le quali mi si è voluto collegare, anche per semplici coincidenze e, quindi, alla fine del mese di maggio 2012, da nuovi articoli di giornale, si apprende che io “sarei” *(non avendo io ricevuto mai nulla dalla magistratura calabrese e mai da nessuna magistratura in Italia e all'estero, così come da certificazione allegata a questo libro dove risulta che nulla è stato o è a mio carico e sono quindi completamente pulito, ed anzi alcuni processi sono pure già finiti)* indagato per associazione mafiosa e non solo, e si potrebbe presumere, come taluni hanno affermato, che sia stato un “atto dovuto” come si suol dire in gergo tecnico-giurisprudenziale, quando purtroppo però si commettono degli errori sempre per indagini svolte male seguendo piste investigative sbagliate, ***per poi archiviare la posizione perché nulla di penalmente rilevabile c'è o c'era;*** ed essere iscritti nel registro degli indagati – in ogni caso - non significa certo essere colpevoli. Questo è bene specificarlo, anche a certi giornalisti, infatti solo chi non mi conosce può fantasticare di un mio coinvolgimento in inchieste di malaffare. In questa storia, come in altre precedentemente descritte, a stupire non sono accuse inventate da presunti millantatori che rischiano di divenire veri e propri testimoni di (in)giustizia, ma la poca serietà degli organi di stampa. Giornali e giornalisti – tra l'altro colleghi che vanno al di fuori di quelle che sono le carte deontologiche del professionista - che dovrebbero informare e che invece mettono in atto una spudorata disinformazione mediatica, chirurgica e pianificata, a cui non importa nulla e niente di prendere una querela, perché intanto, l'obiettivo è stato raggiunto. Da ricordare poi, che la presunzione di innocenza è infatti un principio fondamentale della nostra Costituzione nell'art.27 e del diritto penale secondo il quale un “imputato” è considerato non colpevole sino a condanna definitiva ovvero fino all'esito del terzo grado di giudizio emesso dalla Corte Suprema di Cassazione e, quindi, ricevere ad esempio un avviso di garanzia non significa neanche essere rinviati a giudizio e pertanto ci si chiede: ma è mai possibile che in Italia ci siano tanti “incapaci” o solo persone che ambiscono a chissà quali promozioni o premi, alle spalle di inermi cittadini che si vedono indagati o accusati senza aver fatto nulla e nulla di penalmente rilevabile con indagini sbagliate?

Qui ci troviamo di nuovo di fronte alla palese violazione delle più elementari norme di indagine, violazione delle procedure del rispetto dei diritti della persona, introducendo condizioni che avrebbero consentito sulla base di congetture e di nessuna prova certa l'iscrizione nel registro degli indagati a carico del sottoscritto – sempre secondo quanto scritto dai giornali -, con riferimento ad altre persone indagate con il quale nulla c'entro e mai ho avuto alcun rapporto, se non unicamente con un tale Coraci (altro pseudo massone, millantatore e non solo), presentatomi sempre da quel funzionario dell'università di Basilicata.

Tenuto conto che nulla è stato mai fatto di illecito, se non nelle elucubrazioni mentali di qualche tutore dell'ordine che poi ha trasferito tutto al magistrato di turno e su suggerimento di chi, come sempre, ha condotto male le indagini, così come letto negli articoli di giornale, (verso i cui giornalisti bisognerebbe scrivere un altro capitolo o un altro libro, visto che oramai il vero giornalismo da certe parti non si sa più dove sia di casa ma è solo sensazionalismo e scandalismo), vedendo sempre il male dappertutto per una loro forma mentis e mai andando a scandagliare fino in fondo ma accusando a tutto tondo soprattutto quando si tratta di Chiesa, salvaguardando le figure di persone che nulla hanno ed hanno mai avuto a che spartire con la malavita, la mafia e delinquenti in genere, essendo uomo di legge e per la legalità, ma invece accusando a tutto tondo perché così sta bene a loro e fa notizia (cfr. caso Benevento), bisogna saper garantire la presunzione di innocenza e non di colpevolezza perché strumentale e conseguentemente suscettibile di alterare le regole di funzionamento del vivere civile con lo sbattere sempre il "mostro" in prima pagina, quando il "mostro" non esiste, così come già espresso poco prima.

Siffatto carattere connota, altresì, delle anomalie nel comparto giustizia, quando appunto non viene garantita la tutela della persona, ma si fa di tutta l'erba un fascio e, quindi, vi è la mancanza del rispetto dei principi della persona stabiliti nel diritto internazionale, oltre che dalla stessa costituzione italiana, non avendo commesso nessun reato se non nell'immaginario di conduceva certe indagini, quindi, questi ultimi invece, passibili di denuncia in base agli articoli 594 e ss del cp e 2043 del cc, proprio per non aver tutelato i diritti della dignità della persona ma anzi screditando la dignità e la considerazione sociale di un individuo. Sulla base di cosa poi? Due mail? Ma di cosa parliamo e siamo seri e quindi come salvaguardiamo i diritti dell'uomo e delle sue libertà fondamentali sottoscritti già dal lontano 1950?

Inoltre l'art. 416 bis del codice penale così recita:

"Chiunque fa parte di un'associazione di tipo mafioso formata da tre o più persone, è punito con la reclusione da tre a sei anni. Coloro che promuovono, dirigono o organizzano l'associazione sono puniti, per ciò solo, con la reclusione da quattro a nove anni. L'associazione è di tipo mafioso quando coloro che ne fanno parte si avvalgono della forza di intimidazione del vincolo associativo e della condizione di assoggettamento e di omertà che ne deriva per commettere delitti, per acquisire in modo diretto o indiretto la gestione o comunque il controllo di attività economiche, di concessioni, di autorizzazioni, appalti e servizi pubblici o per realizzare profitti o vantaggi ingiusti per sé o per altri. Se l'associazione è armata si applica la pena della reclusione da quattro a dieci anni nei casi previsti dal primo comma e da cinque a quindici anni nei casi previsti dal secondo comma. L'associazione si considera armata quando i partecipanti hanno la disponibilità, per il conseguimento della finalità dell'associazione, di armi o materie esplodenti, anche se occultate o tenute in luogo di deposito. Se le attività economiche di cui gli associati intendono assumere o mantenere il controllo sono finanziate in tutto o in parte con il prezzo, il prodotto, o il profitto di delitti, le pene stabilite nei commi precedenti sono aumentate da un terzo alla metà. Nei confronti del condannato è sempre obbligatoria la confisca delle cose che servirono o furono destinate a commettere il reato e delle cose che ne sono il prezzo, il prodotto, il profitto o che ne costituiscono l'impiego. Decadono inoltre di diritto le licenze di polizia, di commercio, di commissionario astatore presso i mercati annonari all'ingrosso, le concessioni di acque pubbliche e i diritti ad esse inerenti nonché le iscrizioni agli albi di appaltatori di opere o di forniture pubbliche di cui il condannato fosse titolare. Le disposizioni del presente articolo si applicano anche alla camorra e alle altre associazioni, comunque localmente denominate, che valendosi della forza intimidatrice del vincolo associativo perseguono scopi corrispondenti a quelli delle associazioni di tipo mafioso"; e pertanto leggendo l'articolo del

codice se io non ho avuto solo che dei contatti sporadici col tale Coraci e non con altri (quindi una persona – totale due e non tre o più....) ed inoltre senza commettere mai alcun illecito né col Coraci né con e per altri, anche perché non facente parte né di associazioni mafiose, né segrete od altro, perché iscrivermi – sempre come letto dai giornali - **come mafioso** ecc....ecc... nel registro degli indagati?

Ecco perché si parla poi di mala-giustizia, di carceri super affollate anche di persone innocenti e così via.

Chi metterà a posto le cose e ci metterà al riparo degli errori di chi superficialmente conduce le indagini? E perché si vuol continuare in tutto ciò, chi e perché vuole avere il potere, che è solo di Dio, di poter e voler giudicare una persona sulla base di cosa? Congetture e null'altro!

Tra l'altro a carico mio non è risultato nulla (cfr. all. doc. Catanzaro) ed anzi è già finito il cosiddetto processo "Libra", di quelle indagini condotte verso i presunti responsabili di quella che è considerata un'associazione a delinquere di stampo mafioso, appalti truccati ed altro, ed io non ci sono, né come imputato, né come testimone, né come persona informata sui fatti, nulla di nulla, perché nulla ho mai avuto a che spartire con questi presunti "delinquenti" e situazioni, e quindi?

Il punto che non si prende mai in considerazione riguardo il sottoscritto è che non avendo mai avuto nulla a che spartire con queste persone o loro affini, il solo fatto di aver conosciuto in passato delle persone che farebbero parte della "Massoneria" dei "quattro amici al bar", non implica il fatto che sia un massone – regolare o deviato - e che sappia o possa conoscere quali siano stati i loro affari e con chi li abbiano fatti, e se fatti con mafiosi sia per questo anche io un mafioso. Nello specifico il Coraci, cosiddetto gran maestro ecc...ecc... mi fu presentato – come già ribadito - sempre da quel funzionario dell'università di Basilicata che a sua volta mi fu presentato dal mio amico e compagno d'infanzia già mio avvocato Sergio Lapenna, (quanti danni che mi hanno provocato questi personaggi), amico della barba finta e di certi giornalisti "d'assalto" che pur di scrivere ed accusare con cattiveria senza alcuna prova, si bevono quanto detto loro senza alcuna verifica e quindi come sempre mancando di professionalità.

Il funzionario dell'Università di Basilicata, massone dei "quattro amici al bar" così come il Coraci – cioè di obbedienze minoritarie e non delle grandi conosciute, e comunque non deviate ma costituite secondo legge - mi presentò anche i suoi amici di Benevento – alcuni anche massoni - (con i conseguenti errori anche di quanto trascritto dai carabinieri che facevano le indagini nella "operazione Libra", così come letto sempre sui giornali, riguardo un mio essere indagato per associazione massonica deviata - *mai avvenuta una cosa del genere quanto da loro scritto e pensato*) ed il famoso avvocato di Nola (della telefonata intercettata durante l'ascolto nei quindici giorni che fui intercettato fatto a seguito del ritrovamento del corpo della giovane Claps per il quale comunque non c'entravo e c'entro nulla *ed ancora non si capisce perché mi abbiano voluto mettere sotto intercettazione telefonica e quindi voluto tirare in ballo in questa storia*), un po' alla stregua di chi frequenta poliziotti conosce altri poliziotti, giornalisti conosci giornalisti, magistrati conosci altri magistrati e così via....

Frequentando, pertanto, questo funzionario dell'università per cercare di dare un aiuto a lui e nello specifico anche al fratello rimasto senza lavoro, come già precedentemente ricordato, c'è stata una certa assiduità e di conseguenza la conoscenza con persone appartenenti alla massoneria come questo funzionario. Il Coraci mi fu appunto presentato intorno al 2004/2005 a Roma e lo si incontrò almeno altre 3/4 volte nello studio di consulenza in piazza del Pantheon dove lavorava e poi una volta nella sua casa all'Eur, quando se ne uscì con l'affermazione che tutti i presenti lì a casa sua dovevano entrare nella sua loggia massonica e pertanto si disse al funzionario dell'università: *"questo non lo vogliamo più incontrare e non ce lo far più vedere, ha idee malsane e bislacche, noi non entriamo a far parte di nessuna loggia massonica"*, e finirono lì gli incontri con il Coraci.

Circa quattro anni dopo che non lo si vedeva e sentiva dalla conoscenza iniziale, per caso a Roma lo incontrai in un tabacchino vicino a piazza del Pantheon ed il Coraci insistette per offrirmi un caffè – che però pagai io - dicendomi che doveva parlarmi in vista delle imminenti elezioni regionali, che avrebbero dovuto fare un nuovo grande centro con l'Udc e mi chiese di aiutarlo. Gli risposi che non mi interessavo di politica, ma lui insistette chiedendomi solo di essere messo in contatto con i miei confratelli cappellani della polizia di alcune regioni dove avevano interessi per le elezioni e soprattutto visto che sapeva che l'allora Arcivescovo di Urbino era mio amico, in quanto mio ex docente all'università e relatore della mia tesi di dottorato, fissargli un appuntamento perché gli avrebbero chiesto un nominativo di una persona seria da inserire nelle liste; e, quindi, fatto quell'appuntamento ed inviatogli i numeri dove poter contattare alcuni cappellani la cosa finì lì, senza saper se poi ci furono o no i contatti e quell'appuntamento proprio perché appunto la cosa finì lì senza ulteriori rapporti od incontri. Inoltre altra coincidenza temporale fu l'errore fatto dalla Squadra Mobile di Benevento nell'inserire il mio nominativo nello SDI/CED con cose che non esistevano né in cielo e né in terra non essendo mai stato indagato od altro come già precedentemente raccontato e come da certificazioni poste come allegati a questo libro e, perché, non essendo mai appartenuto a nessuna loggia massonica regolare o deviata che dir si voglia, il fatto di aver avuto delle brevissime frequentazioni con personaggi, che poi non si sono rivelati essere quelli che erano, quale membro di una associazione onlus, non mi si può considerare un delinquente ma al massimo l'essere stato imprudente, ma ciò che si è fatto, purtroppo diremmo, si è fatto sempre cercando di agire per il bene del prossimo così come si presentavano o mi presentavano determinate iniziative a favore dei più bisognosi.

Ecco allora che qui va bene per questi personaggi la teoria di Adam Smith che dice: *"l'uomo non tende alla generosità verso gli altri bensì al proprio beneficio".*

L'altro errore, sicuramente da parte mia, ma sempre per la mia bontà, è stata la mancanza di comprendere bene, una volta re-incontrati certi personaggi, che non ci fosse mai stato un cambiamento in queste persone se non quello di continuare a sfruttare la mia persona, la mia onorabilità, la mia immagine ed eventuali mie amicizie/conoscenze per i loro "loschi fini".

Questi sono i fatti verso una persona per la quale ci si era messi a disposizione per fare quell'incontro per le elezioni regionali di allora e basta.

Pertanto l'averlo visto, nel periodo che l'ho re-incontrato, al massimo due volte e sentito forse tre/quattro per telefono e l'aver inviato un paio di mail, non fa di me un mafioso od un delinquente, proprio perché non ho mai avuto nulla a che spartire con lui ed i suoi eventuali amici massoni e mafiosi, tenuto conto che a me del Coraci – bugiardo patentato -, delle cosche mafiose e di altri suoi amici non mi è mai interessato nulla, e ribadisco mai conosciuto nessuno dei suoi presunti amici massoni o mafiosi, mai avuto nulla a che spartire e non ho mai ricevuto nulla di nulla e mai mi è stato promesso nulla ed anzi il caffè al bar lo pagai io quella volta che lo rividi; e tengo a ribadire che l'uomo deve onorare la verità e non abolirla ed essendo io uomo di Dio oltre che di legge, non mi permetterei di andare contro corrente, anzi – come già ricordato precedentemente - ho contribuito in operazioni di polizia, in più occasioni, affinché fosse ristabilita la legalità dove c'era un palese malaffare e varie attività delinquenziali anche a livello internazionale (dal traffico internazionale di stupefacenti al riciclaggio, allo smaltimento di sostanze/scorie tossiche, dall'usura allo sfruttamento della prostituzione, ecc...ecc...) e senza "suonare le trombe" come fanno taluni.

Ribadisco, inoltre, che potrò essere stato imprudente e ingenuo perché troppo buono, ma è stato solo per il fatto di essere sempre cortese e cristianamente a disposizione verso le persone che mi presentavano o si presentavano con una faccia di perbenismo alle quali non si riusciva a dire un no secco; ma sentirmi accusare di determinati delitti e quindi di essere un delinquente è lontano proprio dalla mia storia di uomo e di Ministro di Dio, che ha cercato sempre di lavorare nel silenzio e con amore per la vigna del Signore, cercando poi sempre di mettere in pratica quello che viene chiamato *fund-raising* per la promozione della Chiesa, per mezzo di chi si diceva o voleva far credere di essere corresponsabile in un determinato servizio di aiuto alla Chiesa stessa, ed invece alla fine subendo e pagando io per gli altri con costi enormi – anche economici - e sacrifici che forse non si può neppure pensare, vedi l'esilio forzato e voluto da altri dalla mia città, regione e poi nazione, dopo tutti questi accadimenti a partire dal settembre 2011, con i conseguenti problemi di salute e non solo.

Pertanto immaginate il danno che tutte queste cose mi hanno prodotto, cosa potranno aver pensato i miei amici della magistratura o delle forze dell'ordine, gli stessi confratelli o parrocchiani?, visto che c'è chi, per un motivo o per un altro, mi vuol far passare e continuare a far passare come un delinquente incallito e losco individuo, solo per aver incontrato nel mio cammino persone che poi si sono rivelate essere non quelle che erano: consulenti, avvocati o funzionari pubblici di tutto rispetto ma che poi in fondo non lo erano?

Certo è che chi mi conosce bene sa che non esiste proprio il fatto che io sia un delinquente, però leggere locandine ed articoli sui giornali: "Indagato per Mafia" ecc...ecc..." ha prodotto un ulteriore danno ed una sofferenza non indifferenti, già di quanto prodotto dalle falsità dal settembre 2011 ad oggi.

Pertanto tutto quanto posto in essere ed enfatizzato dai soliti "giornali e giornalisti", risulta privo di fondamento e solo per colpire "chissà perché?" il sottoscritto che si chiede ancora: chi c'è dietro a tutto questo? se non il fatto che la natura umana non porta sempre verso la ricerca del bene per tutti, ma piuttosto del bene individuale a scapito di innocenti.

UNA TRACCIA FINALE PER UNA PIÙ FACILE PISTA... DI VITA E... L'ESSERE VERI TESTIMONI...

"Levate l'ancora, diritta avanti tutta, questa è la rotta questa è la direzione questa è la decisione".

Sono le parole conclusive di una canzone del cantante Jovanotti, dove si parla del coraggio e della libertà di fronte una missione da compiere. Parole che possono aiutarci ad entrare nel tema di questa traccia finale. Gesù infatti, nella sua libertà, decide e indica la rotta della sua missione verso la croce e apre ai suoi discepoli la direzione da prendere nella vita, ma andiamo con ordine.

Gesù svela la rotta della sua missione: l'ora della croce di Gesù è l'ora in cui il chicco di grano, caduto in terra e morendo, produce molto frutto. Questa "ora" si compie proprio sulla croce che assume un tono di regalità e di vittoria di Dio sul "principe delle tenebre". Troppo spesso, una frettolosa applicazione morale, ha fatto di questa parabola del chicco di grano una metafora per la nostra vita mostrando il fianco a derive ascetiche severe e autoreferenziali. Gesù non sta parlando di noi ma sta parlando della sua missione, della sua croce: il chicco di grano è lui che, attraverso la sua morte, offre a tutti gli uomini i frutti della sua passione! Senza la croce e la morte di Cristo la nostra vita non potrà portare frutto. La nostra fecondità o sterilità non dipende dalla capacità di fare sacrifici, dalla capacità di sopportare la sofferenza, ma dipende innanzitutto dalla capacità di accogliere i frutti della croce di Cristo! Gesù muore in croce per restituirci il frutto della liberazione da tutto ciò che ci confonde, da tutto ciò che è menzogna e che ci rende schiavi. Gesù muore in croce perché noi potessimo godere del frutto della misericordia infinita di Dio che ci riscatta dal peccato e ci rialza da qualunque situazione pagando lui il prezzo delle nostre colpe. Gesù muore in croce per donarci il frutto della Chiesa chiamata a portare un messaggio di fiducia e speranza a tutti gli uomini.

Fermiamoci, quindi, un po' di tempo davanti al crocifisso per mettere sulle spalle di Cristo tutto ciò che soltanto con la sua grazia può morire nella nostra vita, tutte quelle scelte di amore che richiedono sofferenza e sacrificio, perché la sua morte doni frutti di libertà e ci riscatti da una vita mediocre.

Gesù ci lascia una direzione e una decisione da prendere: *"dopo aver svelato l'ora della sua missione e della sua gloria, Gesù parla ai suoi discepoli: chi ama la propria vita, la perde e chi odia la sua vita in questo mondo la conserverà per la vita eterna. Se uno mi vuol servire, mi segua, e dove sono io, là sarà anche il mio servitore" (Gv.12,20-33).* Gesù oggi interpella la nostra libertà mostrandoci la direzione per diventare suoi discepoli. È una direzione che corre attraverso un terribile e magnifico paradosso: perdere per vivere! Gesù desidera farci dono della sua stessa gloria, non la gloria vana del mondo ma quella autentica che apre la nostra vita alla verità di ciò che siamo chiamati ad essere. Qui il termine "vita" è legato al significato di "amor proprio". La nostra vita sarà autentica quando sceglieremo di passare da una logica di possesso, da una logica incentrata su noi stessi, sui nostri progetti, sulle nostre soddisfazioni, sui nostri diritti ad una logica della "perdita", del dono. C'è una parola che Giovanni usa a differenza degli altri vangeli che funge da presupposto per seguire Gesù: servire! Prima di seguire Gesù dobbiamo decidere di trasformare la nostra vita, con la sua grazia, in servizio, in missione. Decidere di cominciare a vedere la nostra vita in funzione degli altri, delle persone che il Signore ci ha affidato. La mia vita, i miei amori diventeranno autentici e fruttuosi quando non cominceranno più dalla ricerca del mio bene ma partiranno dalla ricerca del bene dell'altro! La mia vita sarà autentica quando non partiremo più dai nostri progetti ma dalla ricerca della volontà del Signore portando gli stessi frutti sorprendenti e abbondanti che Gesù compie con la sua morte in Croce!

Il Signore Gesù ci doni la grazia di accogliere i frutti della sua croce e decidere di prendere con coraggio la direzione che apre alla nostra vita, sperando di esserne sempre più autentici testimoni.

Nel linguaggio giudiziario testimone è una persona che avendo assistito ad un fatto, oppure essendone a conoscenza diretta può attestarlo pubblicamente, affermarne la veridicità, ma noi abbiamo potuto constatare come ci sembra molto strano che ci si ricordi solo dopo decenni e non prima, di fare affermazioni ed esternazioni, facendo parlare i morti, i sentito dire e così via, dicendosi testimoni di situazioni che non esistono proprio e quindi non essendo dei veri testimoni.

Ecco quindi che in senso cristiano il testimone è un credente che ha la coscienza viva, non solo intellettuale bensì esperienziale (cioè legata all'esperienza personale – cosa non successa in tanti anni di: si dice....), delle realtà di Gesù Signore, della sua presenza salvatrice e liberante nella sua vita, dell'azione trasformante dello Spirito, dei tentativi parziali ma autentici di vivere il vangelo nella comunità della Chiesa, e che questa conoscenza attesta pubblicamente, sia comunicandola ad altri sia difendendola in caso di pericolo.

Non si è testimoni se si parla di cose non conosciute vitalmente, ma solo imparate perché altri ce le hanno insegnate.

E come Gesù si manifesta a Maria di Magdala per insegnarle che ogni vera ricerca sempre raggiunge il suo fine e le dice di andare ad annunziare la sua risurrezione ai suoi fratelli, perché la ricerca di Cristo è sempre finalizzata a che Gesù sia fatto conoscere al mondo intero, chi cerca Gesù, di certo lo troverà.

Chi trova Gesù è obbligato a darlo ai suoi fratelli. Se non lo dona, è segno che quello che ha trovato non è il vero Cristo, perché l'essenza di Gesù è quella di essere dono di Dio e dono dell'uomo ad ogni altro uomo. Dio ci dona il suo Figlio Unigenito perché noi lo doniamo. Cristo Gesù si dona per essere donato. Questa è la natura, l'essenza, la sostanza di Gesù Signore. Quando avremo compreso questa verità, entreremo nella vera dimensione di cristiano che è semplicemente dimensione missionaria. E così per la vita del cristiano, così per chi vuol essere testimone della Verità e non dei sentito dire...

E come scrisse Vladimir Sergeevič Solov'ë: *"Il significato e la dignità dell'amore, inteso come sentimento, dipendono dal fatto che esso ci costringe a riconoscere nell'altro, realmente e con tutto il nostro essere, quello stesso valore centrale e assoluto che, in forza dell'egoismo, noi ammettiamo soltanto in noi stessi, sino a determinare lo spostamento del centro stesso della vita personale".*

CONCLUSIONI

La Chiesa incoraggia e apprezza profondamente l'impegno nel comunicare la Parola di Dio rispondendo alle inquietudini del nostro tempo.

Tuttavia, non bisogna dimenticare che l'uso di determinati strumenti debbono aiutare anziché alimentare sentimenti contrari a quello che la Parola di Dio vuole dirci ed insegnarci e, pertanto, se ci si dice cristiani, cattolici, testimoni dell'amore, ministri del Signore, bisogna agire sempre nella consapevolezza che ciò che si deve annunciare è la Parola di Verità e non una verità distorta e falsata: cioè la propria personale verità per i propri usi e consumi.

In conclusione, alla luce delle testimonianze e degli elementi raccolti, desidero affermare con decisione e senza ombra di dubbio, in piena coscienza ***che una forte pressione illecita*** c'è stata ed essa ha ottenuto l'effetto che voleva: **"la testa del sottoscritto"**, e questo è un dato di fatto che non si può contestare.

Inoltre, a differenza del nostro conoscente giornalista-scrittore P. Maurizio che elogiava e ringraziava certi personaggi nel suo libro, io dovrei ringraziarli non certo per la loro "professionalità, correttezza o incredibile gentilezza" che a mio modesto giudizio non esistono lontanamente, perché – a differenza di altri - io faccio il mio lavoro e la mia missione con serietà ed amore, anche se peccatore, e quindi "*la pochezza, la limitatezza, la dabbenaggine, la miseria e l'essere mentecatti di taluni non mi appartengono*", devo ringraziare, invece, tutti questi personaggi noti e quelli ancora oscuri, per aver trascinato me in questo vortice pazzesco fatto di falsità, calunnie e manipolazioni di ogni genere e quindi per aver fatto luce e fatto far luce su chi sono gli "amici" e chi no, su chi è invidioso ed approfitta della buona fede e chi no e, soprattutto, sul Perché?

Ho infatti detto, all'inizio di questo mio "libro", che è troppo comodo gettare fango su persone innocenti manipolando e falsando la realtà, e come diceva il grande Giovanni Falcone: "*..dal sole mi riparo, dall'acqua mi asciugo, ma col fango diventa tutto più difficile*"... questo fango puro con i suoi schizzi ha prodotto grandi danni e solo un effetto positivo comunque ha prodotto; per questo devo ringraziarli, perché grazie alla loro cattiveria gratuita ed a delle pagine di cronaca scritte senza il minimo rispetto dei doveri deontologici che il giornalista deve osservare, per quella verità che deve essere ricercata nel nome di tutte le vittime di queste vicende che oggi sono all'onore delle cronache e, inoltre, grazie alla regia ed allo sceneggiatore/i di questo film noir, nel quale ha/hanno voluto inserire me come "attore (non) protagonista"; dire grazie, appunto, perché mi hanno permesso finalmente od in parte, di aprire gli occhi anche sul mondo che mi circondava e mi circonda, su di una classe Istituzionale civile ed ecclesiale che mi ha totalmente abbandonato e che non hanno avuto la volontà di risolvere subito la questione, di chi si credeva amici fino in fondo e mi dispiace che certe cose siano accadute, di questi ed altri che sono nell'ombra ed abbiano voluto mettere su questo teatrino e tutta questa pantomima tirando in ballo chi neppure lontanamente con questa storia o con queste storie c'entra qualcosa e quindi capire il perché di tanta cattiveria gratuita – ribadisco mandandomi praticamente anche in esilio dalla mia città, regione e poi nazione e lontano dai miei affetti - verso chi, invece, ha sempre dimostrato amore e benevolenza verso tutti per mezzo di quegli ideali e quella esperienza pastorale e civica da sempre legata alla divulgazione del bene comune e dell'amore di Dio, perché come Gesù disse ai suoi discepoli:

"Amate i vostri nemici, fate del bene a coloro che vi odiano, benedite coloro che vi maledicono, pregate per coloro che vi maltrattano. A chi ti percuote sulla guancia, porgi anche l'altra; a chi ti leva il mantello, non rifiutare la tunica. Dà a chiunque ti chiede; e a chi prende del tuo, non richiederlo. Ciò che volete gli uomini facciano a voi, anche voi fatelo a loro..."

(Vangelo di Luca 6,27-38)

e quindi anche verso coloro che del male hanno fatto e continuano a fare con cattiveria gratuita nel tempo, e soprattutto anche una piccolissima parte di coloro che mi sono stati affidati spiritualmente, affinché si ristabilisca presto la giusta serenità e verità.

Volendo, quindi, riprendere spunto e ispirazione dall'intensa partecipazione personale dei tanti alla tragica vicenda della giovane Elisa e alla sola "sofferenza iniziale" dei suoi congiunti, non bisogna dimenticare che le persone che scompaiono ogni anno in Italia e di cui non si sa più nulla nonostante le inchieste e le ricerche sono purtroppo numerose; la vicenda di questa giovane innocente scomparsa venticinque anni fa ed il cui corpo senza vita è stato ritrovato solo dopo 17 anni e che continua a tornare sotto i riflettori, non deve far che questo però sia un motivo per scaricare sulla Chiesa o parte dei suoi uomini colpe che non ha, ma sia piuttosto occasione per rendersi conto della realtà terribile e spesso dimenticata che è costituita dalla scomparsa delle persone – in particolare di quelle più giovani - e opporsi, da parte di tutti e con tutte le forze, ad ogni attività criminosa che ne sia causa e comunque:

forse un giorno capiremo il Perché di tutto ciò!

Il *"Grande Dizionario della lingua Italiana"* di Garzanti alla voce *"disinformazione"* annota: *"mancanza di informazione; scarsa o cattiva informazione"*.

In tutta questa storia mediatica - e solo mediatica tengo a ribadire - che mi ha visto coinvolto, si deve parlare di tutte le manifestazioni citate dal "Dizionario". Infatti, come ho dimostrato, ***c'è stata mancanza di informazione***: perché al pubblico sono state nascoste le verità riguardo i veri compiti e servizi svolti dal sottoscritto e nascoste le vere responsabilità di altri personaggi mettendoli al comodo riparo della salvaguardia garantita da "una certa sofferenza" che si cavalca per portare avanti le proprie tesi; ***c'è stata scarsa informazione***: perché non sono mai state spiegate le vere ragioni perché si è voluto mettere in mezzo il Cappellano della Polizia; ***c'è stata, infine, cattiva informazione***: perché si è voluto fare del sottoscritto il regista occulto di chissà quale strategia in queste tragiche storie, ignorando che io con queste storie mai nulla ho avuto a che fare o ho avuto qualche responsabilità, in quanto non avevo ed ho nulla a che spartire con questi avvenimenti e con ciò che mi si è cercato di attribuire.

E pertanto per una seria riflessione, un passo tratto dalla lettera pastorale di un Vescovo alla sua gente dal titolo:

"Veleno di serpenti è sotto le loro labbra"

Il peccato di calunnia.

mi piace presentarlo al termine di questo mio "libro", con la speranza che chi legga possa essere un attento lettore e capire le nefandezze commesse e palesate dal oltre otto anni alle mie spalle e non solo, anche già da prima infatti e continuate nel tempo, e possa comprendere come è facile distorcere la realtà per i propri fini e grazie alla platea mediatica di cui si dispone e, quindi, come la giustizia e la verità per poveri innocenti venuti meno per mano omicida o propria, vengano manipolate per una propria vendetta o fine personale, con odio e disprezzo delle più semplici regole cristiane:

"Perché guardi la pagliuzza che è nell'occhio del tuo fratello, e non t'accorgi della trave che è nel tuo? Come puoi dire al tuo fratello: Permetti che tolga la pagliuzza che è nel tuo occhio, e tu non vedi la trave che è nel tuo? Ipocrita, togli prima la trave dal tuo occhio e allora potrai vederci bene nel togliere la pagliuzza dall'occhio del tuo fratello".

(Vangelo di Luca 6,39-42)

Il difetto di vista più frequente, quindi, non è la miopia ma la presbiopia. Colui che vede la pagliuzza nell'occhio del fratello e non vede la trave nel suo, è uno che vede lontano, ma non vede vicino. È un presbite e, quindi, così come scriveva questo santo Vescovo al suo popolo sul peccato di calunnia:

"La calunnia è l'arma dei vigliacchi e degli infami.... Lo si deduce anche dalla santa Scrittura. La calunnia non è il "venticello" di rossiniana memoria. È bensì un ciclone devastatore che abbatte ed uccide prima colui che ne è l'autore, poi i suoi destinatari diretti o indiretti.

È soprattutto - la calunnia - un peccato così obbrobrioso che non ci sono parole per definirlo ed esecrarlo a sufficienza. È, inoltre, peccato così diffuso non solo nell'ambiente sociale ma anche in quello ecclesiale, che rischia di perdere, data la sua sempre più allargata consistenza, quella abominevole malizia che ne fa il peccato satanico per eccellenza, frutto, inoltre, dell'odio e di una gratuita volontà distruttiva.

Certo è difficile pensare che tutto ciò possa toccare cuori duri come roccia e impedire a questi malefici devastatori di continuare a compiere i loro nefandi crimini, ma almeno sapranno, una volta di più, quanto male fanno e a quale abisso di iniquità vanno incontro, condannati se non da una coscienza cauteriata e corrotta, almeno dal giusto giudizio di Dio...!"

In tutti gli ambienti, anche in quelli ecclesiali, ci imbattiamo in questi occhiuti e farisaici censori del prossimo, ai quali non sfugge la benché minima pagliuzza altrui, sdegnati forse perché la Chiesa è troppo misericordiosa e, a loro modo di vedere, troppo corriva.

Si ergono altezzosi, convinti di essere investiti da Dio di una missione, consacrati al servizio della verità e della giustizia. In realtà, essi si crogiolano nel gusto sottilmente perverso di sparlare degli altri e si guardano bene dall'esaminare con lo stesso rigore la loro coscienza, inebriati come sono del loro compito di giudici. Ecco, allora, l'accusa netta di Gesù: guarda piuttosto alla trave che ti acceca!

"Io ci sto male, per loro è un mestiere", così scriveva una mamma quando ha deciso di lasciar perdere la sua giusta battaglia contro chi l'aveva offesa, oltraggiata e continuava ad oltraggiare la morte del figlio. *"Costruiscono la loro carriera sulla aggressività e sul rancore, non voglio sapere più nulla di queste persone che alimentano il dolore di una famiglia, non voglio neanche più sentire pronunciare i loro nomi"*. Questo è lo stesso sentimento che si prova al termine di questo mio libro, proprio perché il male prodotto, la cattiveria con cui si sono accaniti verso di me, fino a volerne la scomparsa fisica è stata ed è davvero tanta e sicuramente da persone rancorose. Ma la cosa più brutta di tutte queste vicende, ciò che fa veramente male ed ancora brucia è che chi doveva e poteva dire qualcosa contro tutte queste assurdità ha taciuto.

Però io sono certo che un giorno, probabilmente, si capirà meglio di chi sono le responsabilità e volendo chiudere pertanto questo mio libro con le parole di un grande storico e politico di nome Gaetano Salvemini, mi piace ricordare che:

"Anch'io credo che la mia patria siano le persone a cui voglio bene e che mi vogliono bene. Nella semplicità di questo concetto c'è la mia concezione di cittadinanza. Ed ora si riparte di nuovo, sperando di ritornare a casa prima o poi".

Allegati al Volume

Allegati al presente volume:

- Lettera aperta del Presbiterio diocesano dopo le solite accuse della sig.ra Iemma e della trasmissione televisiva "Chi l'ha visto?".
- Tutte le certificazioni delle Procure (Benevento, Catanzaro, Salerno, Potenza) dove secondo i complottisti io sarei stato indagato e dalle quali, invece, si evince che risulto "pulito e non indagato", oltre ad aver fatto anche il Certificato dell'Ufficio Federale di Giustizia tedesco, perché fin qui mi hanno seguito e "martirizzato".
- Lettere dei premi Presidenziali degli Stati Uniti fatti avere al Questore di Potenza Panico.
- Certificazione del Ministero dell'Interno riguardanti le ultime annotazioni allo SDI/CED che nulla c'è a mio carico.
- Copia della busta contenente corrispondenza riservata del Coordinatore Nazionale dei Cappellani della Polizia di Stato, dalla quale si evince che nel mese di dicembre 2011 ero ancora Cappellano della Polizia smentendo quanto affermato falsamente da alcuni giornali e dalla trasmissione televisiva "Chi l'ha visto?" – quattro giorni prima che fu spedita la busta in questione - che disse che non lo ero più ed anzi ero stato cacciato; a dimostrazione che quanto anche scritto sul loro sito – e mai cancellato – sono solo spudorate menzogne, ed infatti solo alla fine dell'agosto 2012 fu nominato il nuovo Cappellano Provinciale della Questura di Potenza, fino ad allora c'era don Pierluigi Vignola.
- Cartine con le Zone di mia competenza in Germania così come descritto nel libro.

Arcidiocesi di Potenza-Muro Lucano- Marsiconuovo

Vicenda Claps: nota del presbiterio diocesano

Il presbiterio diocesano di Potenza-Muro Lucano- Marsiconuovo, a seguito di quanto riferito dalla signora Filomena Iemma durante la Trasmissione di Raitre "Chi l'ha visto?" andata in onda mercoledì 18 aprile 2012, precisa di non essere a conoscenza di episodi di pedofilia che riguardino i sacerdoti di questa diocesi, e che qualora ci fossero stati indizi a tal proposito non avrebbero atteso un solo istante per darne notizia alla magistratura.

Ferma e unanime è altresì la condanna dell'intero presbiterio verso ogni forma di violenza e abuso nei confronti dei minori e ricorda a tutti che denunciare episodi riconducibili alla pedofilia non è solo un obbligo di legge, ma è soprattutto un dovere irrinunciabile per ogni cristiano.

Il presbiterio di Potenza inoltre si domanda, e lo chiede alla Azienda RAI e a tutti gli ascoltatori se la trasmissione in questione e in modo particolare il comportamento della Sciarelli sotto il profilo deontologico proprio dell'informazione pubblica, si siano attenuti allo stile e agli obblighi loro dovuti. Pertanto dissociandoci da quanto espresso nella trasmissione esprime piena e indiscussa solidarietà all'Arcivescovo della Diocesi di Potenza – Muro Lucano – Marsiconuovo, monsignor Agostino Superbo, fatto oggetto di accuse tanto infamanti quanto destituite di ogni fondamento.

Egli è pastore e persona di grande magnanimità e trasparenza, da anni è a capo della comunità diocesana che in lui ripone totale fiducia e che non può che ringraziarlo per il servizio pastorale espresso in questi anni.

Il presbiterio infine ritiene che la linea del silenzio fin qui adottata da monsignor Superbo nei confronti dei media lungo l'intero periodo delle indagini sia stata la migliore possibile nel rispetto dell'operato degli Organi inquirenti, a cui spetta fare luce sui fatti.

Mons. Superbo, come è a tutti noto, ha sempre manifestato pieno rispetto e sincera partecipazione verso il grande dolore che ha colpito la famiglia Claps e non ha mai ritenuto che il contradditorio di fronte a tante parole dette per messo dei mass-media fosse la via da seguire.

Su questa linea del proprio Arcivescovo il presbiterio della diocesi di Potenza con la preghiera drammatica vicenda di Elisa, in modo particolare alla famiglia Claps e auspica che la verità possa essere presto conosciuta completamente restituendo a tutti la dovuta serenità.

(Almeno per l'Arcivescovo, per le falsità e le accuse infamanti e destituite di ogni fondamento dette dalla Famiglia Claps e da Chi l'ha Visto? hanno fatto un comunicato stampa; lo stesso mi sarei aspettato per me, ma non è avvenuto pur sapendo che anch'io sono stato fatto oggetto di accuse tanto infamanti quanto destituite di ogni fondamento ed anche più dell'Arcivescovo).

Procura della Repubblica di Benevento

Ufficio Registro Generale

Il Funzionario di Cancelleria

Letta l'istanza dell'avv. GRAZIANO PIETRANTUONO nella qualità di difensore di fiducia di VIGNOLA PIERLUIGI nato il 30.04.65 in POTENZA
con cui chiede darsi comunicazione delle notizie di reato iscritte a registro generale,
Vista l'autorizzazione del Pubblico Ministero;
Visti gli artt. 335 comma 3 c.p.p. e 110 bis D. L.vo 28/7/89 n. 271 così modificato dalla L. 332/95,
Consultato il Re. Ge. (Registro Generale Notizie di Reato Informatizzato),

CERTIFICA CHE

O Risultano le seguenti iscrizioni suscettibili di comunicazioni:

1) N° ______ O Mod. 21 O Mod.21 bis (Giudice di Pace) O Mod. 44

Iscritto per i reati di ______ Magistrato designato ______

O Indagato ______

O Parte offesa ______

2) N° ______ O Mod. 21 O Mod.21 bis (Giudice di Pace) O Mod. 44

Iscritto per i reati di ______ Magistrato designato ______

O Indagato ______

O Parte offesa ______

3) N. ______ O Mod. 21 O Mod. 21 bis (Giudice di Pace) O Mod. 44

Iscritto per i reati di ______ Magistrato designato ______

O Indagato ______

O Parte offesa ______

O **NON** ***Risultano iscrizioni suscettibili di comunicazioni.*** COME INFORMATO

Benevento 10.10.11

IL FUNZIONARIO GIUDIZIARIO

PROCURA DELLA REPUBBLICA
PRESSO IL TRIBUNALE DI CATANZARO
CERTIFICATO DI CARICHI PENDENTI
(ANCHE DELLA D.D.A.)

Operatore: VER
Cognome: VIGNOLA
Nome: PIERLUIGI
nato /a il: 30/04/1965
in: POTENZA
e residente: POTENZA
Per uso: CONSENTITO

****

Su richiesta dell'INTERESSATO/A si certifica, ai sensi dell'art.60 comma 1 CPP, che dal registro informatizzato delle notizie di reato risulta:

PROCURA DELLA REPUBBLICA DI CATANZARO
CASELLARIO GIUDIZIALE
Si attesta l'avvenuto pagamento
(artt. 273 (L) e 285 (R) T.U. 30/5/02 n.115)
Diritto di certificato € 3,54
Diritto d'urgenza € 3,54
Catanzaro 05-05-2014

NEGATIVO

IL FUNZIONARIO GIUDIZIARIO

CATANZARO 05/05/2014

IL FUNZIONARIO GIUDIZIARIO

IL FUNZIONARIO GIUDIZIARIO
Rosanna Pagnessa

IL PRESENTE CERTIFICATO NON PUO' ESSERE PRODOTTO AGLI ORGANI DELLA PUBBLICA AMMINISTRAZIONE O AI PRIVATI GESTORI DI PUBBLICI SERVIZI DELLA REPUBBLICA ITALIANA (ART.40 D.P.R. 28 DICEMBRE 2000 N.445), FATTA SALVA L'IPOTESI IN CUI SIA PRODOTTO NEI PROCEDIMENTI DISCIPLINATI DALLE NORME SULL'IMMIGRAZIONE (D. LGS. 25 LUGLIO 1998, N.286 E CIRCOLARE DEL MINISTERO PER LA PUBBLICA AMMINISTRAZIONE E LA SEMPLIFICAZIONE E DEL MINISTERO DELL'INTERNO N.3/2012)IL CERTIFICATO E' VALIDO SE PRESENTATO ALLE AUTORITA' AMMINISTRATIVE STRANIERE.

PROCURA DELLA REPUBBLICA
c/o Tribunale di Salerno

REGISTRO GENERALE

COMUNICAZIONE DELLE ISCRIZIONI AI SENSI DELL'ART. 335 C.P.P.

SU RICHIESTA DI: AVV. PIERLUIGI VIGNOLA

Richiesta n. **2421/2011**
Il sottoscritto Cancelliere,

visti i Registri informatici in uso all'Ufficio, certifica che a nome di

VIGNOLA PIERLUIGI NATO A POTENZA IL 30/04/65

in qualità di **INDAGATO**

NON RISULTANO ISCRIZIONI SUSCETTIBILI DI COMUNICAZIONE

Salerno 22/11/11

Il Direttore Amministrativo
Dott. Sandro De Vivo

Per chi non conoscesse la terminologia di alcune certificazione potrebbe sembrare il contrario, invece nulla risulta a mio carico e quindi leggere bene e capire che non ero indagato.

Ministero della Giustizia

Sistema Informativo del Casellario

Certificato Generale del Casellario Giudiziale

(ART. 24 D.P.R. 14/11/2002 N.313)

CERTIFICATO NUMERO: 10725/2013/R

Al nome di:

Cognome	**VIGNOLA**
Nome	**PIERLUIGI**
Data di nascita	**30/04/1965**
Luogo di Nascita	**POTENZA (PZ) - ITALIA**
Sesso	**M**

sulla richiesta di:	INTERESSATO
per uso:	AMMINISTRATIVO (ART. 24 D.P.R. 14/11/2002 N.313)

Si attesta che nella Banca dati del Casellario giudiziale risulta:

NULLA

ESTRATTO DA: CASELLARIO GIUDIZIALE - PROCURA DELLA REPUBBLICA PRESSO IL TRIBUNALE DI POTENZA

Si attesta l'avvenuto pagamento (art. 273 e 285 T.U. 30/5/2002 n. 115) del
☒ **diritto di certificato** ☐ **diritto di urgenza**

POTENZA, 19/07/2013 10:05

IL RESPONSABILE DEL SERVIZIO CERTIFICATIVO

IL CANCELLIERE – C1 –
- Mario Iacovino -

Il presente certificato non può essere prodotto agli organi della pubblica amministrazione o ai privati gestori di pubblici servizi (art. 40 D.P.R. 28 dicembre 2000, n. 445), fatta salva l'ipotesi in cui sia prodotto nei procedimenti disciplinati dalle norme sull'immigrazione (d.lgs. 25 luglio 1998, n. 286 e circolare del Ministero per la pubblica amministrazione e la semplificazione e del Ministero dell'Interno n. 3/2012)

Ministero della Giustizia

Sistema Informativo del Casellario

Certificato Generale del Casellario Giudiziale

(ART. 24 D.P.R. 14/11/2002 N.313)

CERTIFICATO NUMERO: 11626/2014/R

Al nome di:

Cognome	**VIGNOLA**
Nome	**PIERLUIGI**
Data di nascita	**30/04/1965**
Luogo di Nascita	**POTENZA (PZ) - ITALIA**
Sesso	**M**

sulla richiesta di:	INTERESSATO
per uso:	AMMINISTRATIVO (ART. 24 D.P.R. 14/11/2002 N.313)

Si attesta che nella Banca dati del Casellario giudiziale risulta:

NULLA

ESTRATTO DA: CASELLARIO GIUDIZIALE - PROCURA DELLA REPUBBLICA PRESSO IL TRIBUNALE DI POTENZA

Si attesta l'avvenuto pagamento (art. 273 e 285 T.U. 30/5/2002 n. 115) del

☒ diritto di certificato **☐ diritto di urgenza**

POTENZA, 11/06/2014 09:22

IL RESPONSABILE DEL SERVIZIO CERTIFICATIVO
(GALLUCCI MELANIA)

Il presente certificato non può essere prodotto agli organi della pubblica amministrazione o ai privati gestori di pubblici servizi della Repubblica Italiana (art. 40 D.P.R. 28 dicembre 2000, n. 445), fatta salva l'ipotesi in cui sia prodotto nei procedimenti disciplinati dalle norme sull'immigrazione (d.lgs. 25 luglio 1998, n. 286 e circolare del Ministero per la pubblica amministrazione e la semplificazione e del Ministero dell'Interno n. 3/2012). Il certificato è valido se presentato alle autorità amministrative straniere.

N° 928

Procura della Repubblica di Potenza

Ufficio Carichi Pendenti

Esaminati i Registri Notizie di Reato di questo Ufficio

Si Certifica che ai sensi dell'Art. 60 co. 1 Cpp.

A NOME DI	VIGNOLA PIERLUIGI
NATO	IL 30.4.1965 A POTENZA

RISULTANO I PROCEDIMENTI PENDENTI SOTTO INDICATI :

NULLA

Si attesta l'avvenuto pagamento (art. 273 e 285 T.U. 30/05/2002 n. 115) del

☒ **diritto di certificato** ☐ **diritti di urgenza**

IL CANCELLIERE – C1 –
- Mario Iacovino -

POTENZA 19.7.2013

"Il presente certificato non può essere prodotto agli organi della pubblica amministrazione o ai privati gestori di pubblici servizi (art. 40 DPR 28 dicembre 2000 n. 445), fatta salva l'ipotesi in cui sia prodotto nei procedimenti disciplinati dalle norme sull'immigrazione (d.lgs. 25 luglio 1998, n. 286 e circolare del Ministero per la pubblica amministrazione e la semplificazione e del Ministero d7ell'Interno n. 3/2012)"

N° 1025

Procura della Repubblica di Potenza

Ufficio Carichi Pendenti

Esaminati i Registri Notizie di Reato di questo Ufficio

Si Certifica che ai sensi dell'Art. 60 co. 1 Cpp.

A NOME DI	**VIGNOLA PIERLUIGI**
NATO	IL 30.04.1965 A POTENZA (PZ)

RISULTANO I PROCEDIMENTI PENDENTI SOTTO INDICATI :

N U L L A

Si attesta l'avvenuto pagamento (art. 273 e 285 T.U. 30/05/2002 n. 115) del

☒ **diritto di certificato** ☐ **diritti di urgenza**

POTENZA, 11.06.2014

IL DIRETTORE AMMINISTRATIVO

dr.ssa Melania GALLUCCI

"Il presente certificato non può essere prodotto agli organi della pubblica amministrazione o ai privati gestori di pubblici servizi (art. 40 DPR 28 dicembre 2000 n. 445), fatta salva l'ipotesi in cui sia prodotto nei procedimenti disciplinati dalle norme sull'immigrazione (d.lgs. 25 luglio 1998, n. 286 e circolare del Ministero per la pubblica amministrazione e la semplificazione e del Ministero dell'Interno n. 3/2012)"

Bundesamt für Justiz

Bundesamt für Justiz, 53094 Bonn

Herrn/Frau
Pierluigi Vignola
Bürgerweide 29
20535 Hamburg

Bonn, den 04.03.2015
Hausanschrift: Adenauerallee 99-103, 53113 Bonn
Telefon: 0228 99410 40 (Zentrale)

Telefax: 0228 99410 5050
Aktenzeichen:
U9990-02000000--
03032015-12011901-NE-DTV--/-/-
(bei Rückfragen bitte angeben)

Erweitertes Führungszeugnis

über

Pierluigi Vignola

Angaben zur Person

Geburtsname	:	Vignola
Familienname	:	./.
Vorname(n)	:	Pierluigi
Geburtsdatum	:	30.04.1965
Geburtsort	:	Potenza
Staatsangehörigkeit	:	italienisch
Anschrift	:	Bürgerweide 29 20535 Hamburg

Inhalt: **Keine Eintragung**

Bitte prüfen Sie die Angaben zur Person, um Verwechselungen zu vermeiden. Offenkundige Fehler, auch im Hinblick auf den Inhalt des Führungszeugnisses sollten Sie mir unverzüglich - ggf. telefonisch - anzeigen, um eine sofortige Überprüfung zu ermöglichen.

Dieses Führungszeugnis wurde mit Hilfe automatischer Einrichtungen erteilt und nicht unterschrieben.

QUESTURA DI POTENZA

DIVISIONE POLIZIA ANTICRIMINE
Ufficio Misure di Prevenzione Patrimoniali
via Marconi, 85100 Potenza telf. 0971- 334111 - 89 telefax 0971 – 334566
e-mail anticrim.misureprevenzione.pz@poliziadistato.it

Prot.. 3805/2^/ 1413/ 2012 Div.Ant. Potenza, 23 agosto 2012

OGGETTO:- Aggiornamento ed integrazione al Centro Elaborazione Dati Interforze.- Istanza per integrazione dati nel Centro Elaborazione Dati Interforze

Sig **VIGNOLA Pierluigi,** residente in Potenza alla via Crispi nr. 49.-

e, p. c.

AL MINISTERO DELL'INTERNO
DIPARTIMENTO DELLA PUBBLICA SICUREZZA
UFFICIO COORDINAMENTO E PIANIFICAZIONE FORZE DI POLIZIA
SERVIZIO III PER IL SISTEMA INFORMATIVO INTERFORZE
DIVISIONE III – SETTORE CONTENZIOSO R O M A

ALL'U. P. G. A. I. P. P O T E N Z A

^-^-^

Si comunica che la Squadra Mobile della Questura di Benevento ha provveduto ad aggiornare i dati tenuti negli schedari elettronici del Centro Elaborazione Dati Interforze così come sollecitato nella richiesta presentata .-

p. IL DIRIGENTE a. p. c. o.
Primo Dirigente della Polizia di Stato
Dr. Francesco PESCE

MODULARIO
Interno - 372

Mod. 36/4 PSC

Ministero dell'Interno

DIPARTIMENTO DELLA PUBBLICA SICUREZZA

DIREZIONE CENTRALE DELLA POLIZIA CRIMINALE

Prot. MI-123-U-UTGC-6-3-2014-2020 Roma, 09/07/2014

OGGETTO: Istanza per integrazione dati nel Centro Elaborazione Dati Interforze.

RACCOMANDATA A.R.

Al Sig. VIGNOLA Pierluigi
Via Francesco Crispi nr° 49
85100 Potenza

In riferimento alla Sua istanza si comunica che la posizione nel Centro Elaborazione Dati Interforze, allo stato attuale, risulta aggiornata.

d'ordine del Direttore Centrale
Il Direttore dell'Ufficio
SANFILIPPO

LUCH

Presented by the President's Council on Service and Civic Participation to

Dr Romolo Panico

In recognition and appreciation of your commitment to strengthening our Nation and for making a difference through volunteer service.

2011

An initiative of the President's Council on Service and Civic Participation in conjunction with

THE WHITE HOUSE

WASHINGTON

Dear Dr. Romolo Panico,

Congratulations on receiving the President's Volunteer Service Award, and thank you for helping to address the most pressing needs in your community and our country.

In my Inaugural Address, I stated that we need a new era of responsibility—a recognition on the part of every American that we have duties to ourselves, our Nation, and the world. These are duties that we do not grudgingly accept, but rather seize gladly, firm in the knowledge that there is nothing so satisfying to the spirit than giving our all to a difficult task. Your volunteer service demonstrates the kind of commitment to your community that moves America a step closer to its great promise.

Our Nation faces the most challenging economic crisis in a lifetime. We will only renew America if we all work together. Individuals, the private sector, and government must combine efforts to make real and lasting change so that each person has the opportunity to fulfill his or her potential.

While government can open more opportunities for us to serve our communities, it is up to each of us to seize those opportunities. Thank you for your devotion to service and for doing all you can to shape a better tomorrow for our great Nation.

16 DEC 2011

Ministero dell'Interno
00184 ROMA
€ 001,50
Mod. 9 – U.C.O.
MINISTERO DELL'INTERNO
Rev. Don
Pierluigi VIGNOLA
Cappellano della Polizia di Stato
Questura-Ufficio Personale
Viale G. Marconi, 42
85100 Potenza (PZ)

Regioni con le Zone di mia competenza quale Missionario di Amburgo e Delegato per la Zona Nord delle Missioni Cattoliche Italiane di Germania e Scandinavia.

Regioni/Nazioni con zone di mia competenza quale Delegato per la Zona Nord delle Missioni Cattoliche Italiane di Germania e Scandinavia.

Printed by Books on Demand GmbH, Norderstedt / Germany